Berlin Kalender
Friedrichs des Großen

1. Auflage, April 2011

info@berlin-historica.de - www.berlin-historica.de

Umschlaggestaltung, Layout: Christine Faust

ISBN 978-3-939 929-15-4
€ 19,80

Olaf Kappelt

Berlin Kalender Friedrichs des Großen

für das Jubiläumsjahr anno 2011

Trilogie Kalendarium Fridericianum
Band 1

Vita des Autors Olaf Kappelt

Seit vielen Jahren lebt er vom Lesen, Schreiben und Erzählen. Erfolgreich arbeitet er als freiberuflicher Künstler und Historiendarsteller in Berlin und Potsdam, insbesondere als Darsteller Friedrichs des Großen. Mit szenischen Lesungen, Tafelrunden und unterhaltsamen Stadtführungen begeistert er sein Publikum. Spielerisch schlüpft er nahezu täglich in die Rolle des legendären Preußenkönigs und verzaubert eindrucksvoll und lebendig sein Publikum. Im Urteil von TOP-Guide Berlin gilt das von ihm produzierte hochwertige Kulturprodukt als die "ungewöhnlichste Sightseeing-Tour der Welt!" Gewürdigt von Bundeskanzler Gerhard Schröder und dem Bundestagspräsidenten finden seine Auftritte als "Friedrich der Große" nationale und internationale Beachtung.

Olaf Kappelt ist Gründungsmitglied von QUO VADIS, dem Autorenkreis für den historischen Roman und gehört dem Verband deutscher Schriftsteller (VS) an. Geboren wurde er 1953 südöstlich von Berlin in Altdöbern, aufgewachsen ist er im östlichen Westfalen im ehemals preußischen Staatsbad Oeynhausen. Vorfahren mütterlicherseits standen einstmals in königlich-preußischen Diensten. Seit seiner Kindheit befasste er sich mit der brandenburgischen Landesgeschichte.

Von 1975 bis 1978 studierte er an der Fachhochschule Bielefeld Sozialwesen. Sein Berufspraktikum absolvierte er in der Kreisverwaltung Minden-Lübbecke. Anschließend erfolgte seine staatliche Anerkennung als Diplom-Sozialarbeiter durch den Regierungspräsidenten in Detmold. Zwischen 1976 bis 1983 engagierte er sich im Rahmen der europäischen Jugendbewegung sowie als Initiator und Leiter des Brüsewitz-Zentrums zur Förderung der Bürgerrechtsbewegung in der DDR. Erste Buchveröffentlichungen bescherten ihm 1981 und 1987 die persönliche Verfolgung durch DDR-Staatssicherheitsminister Erich Mielke, der ihn zum Staatsfeind erklärte und durch eine Sondereinheit auszuschalten trachtete. Seine wissenschaftliche Ausbildung mit Magister-Exsamen und Promotion zum Doktor der Philosophie erfolgte in Würzburg an der Julius-Maximilians-Universität. Seine Studienfächer waren Soziologie, Staatsrecht und Kirchengeschichte. Zur Finanzierung seines Studiums betätigte er sich im Bereich der Tourismuswirtschaft an der Romantischen Straße. In Rothenburg ob der Tauber leitete er mehrere Hotelbetriebe und versuchte das marode mittelalterliche Hotel Bären zu sanieren. Zuvor war er als Kommunalgeschäftsführer in Bremerhaven tätig. Im Herbst 2000 zog es ihn zurück zu den Wurzeln seiner Familie nach Berlin. Erreichbar ist der Autor unter: www.koenig-friedrich.de .

Inhaltsverzeichnis

Vorwort

Es ereignete sich an einem Sonntag zu Berlin, vor nunmehr 299 Jahren, als ein kleiner Thronerbe das Licht der Welt der Welt erblickte: Friedrich II. von Preußen war geboren. Sein Geburtsschloss entsteht demnächst im äußeren Erscheinungsbild neu, wenn auch mit gewandeltem Innenleben. Friedrich machte aus Berlin eine europäische Kulturhauptstadt und prägte nachhaltig das Berliner Stadtbild. Sein Denkmal verschönert noch heute den Hauptstadt-Boulevard „Unter den Linden“ und in der Mitte ist sein städtebauliches Wirken noch immer erkennbar. In der ersten Lebenshälfte war Berlin über viele Jahre der Lebensmittelpunkt des Königs und viele Tage seines Wirkens verbrachte er in der Residenzhauptstadt Berlin. Auch damals wurde das Land von Berlin aus regiert. Alle Ministerien und wichtigen Kultureinrichtungen befanden sich zu Friedrichs Lebzeiten in Berlin. Den daraus erwachsenen Datenfundus des Königs hat der Autor eingehend ausgewertet, jeweils bezogen auf die sich ergebenen Jubiläumsdaten für das Jahr 2011.

So entstand dieses Berliner Kalenderwerk unter Verwendung sämtlicher persönlicher Aufzeichnungen des legendären Herrschers. Es ist somit keine fiktive Kalender-Geschichte über Friedrich den Großen, sondern die Kalenderdaten basieren auf den eigenhändigen Angaben Friedrichs II., unter Hinzuziehung der persönlichen Anmerkungen seiner Hofchronisten und den Aufzeichnungen seiner Zeitgenossen. Friedrich versah jeden seiner Bucheinbände mit einem Buchstaben, der den Standort des Werkes dokumentierte. Das Signum „B“ in Schräglage verwies auf seine Bibliothek im Berliner Stadtschloss. Deshalb findet der Leser auch bei dieser Kalenderausgabe auf dem Buchrücken diesen königlichen Code. Diese kurzweiligen autobiografischen Kalenderdaten werden in einem dreibändigen Werk veröffentlicht. Band 1 bezieht sich auf das Wirken des Königs in Berlin, Band 2 auf das in Potsdam und Band 3 mit seinen Reiseaufenthalten im In- und Ausland. In den nächsten Jahren sollen weitere dieser einzigartigen Kalender-Ausgaben folgen.

Das Besondere an diesem literarischen Kalenderwerk ist: Hier begibt sich der Autor spielerisch in die Rolle des Königs und schafft aus der Retrospektive eine Identität zwischen Autor und Erzähler. So verschmelzen Autor und König. Aus diesen geschichtlichen Quellen und Erzählungen ergibt sich eine lesenswerte Mischung aus Geschichte und Literatur, die der Autor lebendig in der Ich-Form präsentiert. Diese Form der Erzählung setzt, in Verbindung mit eigenen Elementen des Autors, einen hohen Objektivitätsanspruch voraus. Selbstverständlich erhebt das Werk nicht den Anspruch auf Vollständigkeit. Weitere biografische Hinweise über Friedrich von Preußen aus der Leserschaft sind vom Autor sehr willkommen.

Wer mit dem Autor persönlich in Verbindung treten möchte, der kann dies gerne tun. Unter der E-Mail-Anschrift

contact@koenig-friedrich.de

ist eine Kontaktaufnahme jederzeit möglich. Ebenso erscheint der Autor gerne zu einer Lesung und schlüpft auf Wunsch dazu in die Original-Verkleidung des legendären Preußenkönigs.

Berlin, Frühjahr 2011

Friedrich der Große:
Mit besten Grüßen aus Berlin

Anno 2011

… 299 Jahre nach meiner Geburt im Stadtschloss zu Berlin

… 271 Jahre nach meiner Thronbesteigung

... 270 Jahre nach Baubeginn und Grundsteinlegung des Opernhauses „Unter den Linden“ zu Berlin sowie der offiziellen Berufung des Flötisten Quantz in meine Dienste

… 265 Jahre nachdem der französische Schriftsteller Voltaire zum Mitglied der Berliner Akademie berufen und der Franzose Maupertuis zum Präsidenten der königlichen Akademie der Wissenschaften zu Berlin ernannt wurde, sowie ich die staatliche Verwaltung reformierte, indem ich ein zentrales Militärdepartement schuf und im Schloss Charlottenburg meinen großen Festsaal einweihte und den Katholiken das Grundstück für die Hedwigs-Kirche schenkte

… 255 Jahre nach Beginn des Siebenjährigen Krieges

… 245 Jahre nach der festlichen Einweihung der heutigen Humboldt-Universität als Palais meines Bruders Heinrich und dem Einzug meiner Schwester in ihr neues Palais „Unter den Linden“ zu Berlin sowie der Befreiung der Bauernkinder vom Militärdienst wie meiner Steuerreform, genannt Regie

… 240 Jahre nach dem Staatsbesuch meines Neffen in Berlin, des Königs Gustav III. von Schweden und der Stiftung meines französischen Theaters zu Berlin

… 235 Jahre nach dem Staatsbesuch des russischen Zarewitsch Paul in Berlin

… 230 Jahre nach der Einführung meiner neuen Prozessordnung und meiner Kabinettsordre zur Rettung der vom Konkurs bedrohten Bierbrauer sowie der Errichtung der königlichen Kaffeebrennerei

... 225 Jahre nach meinem Tod

Der Januar
- lateinisch Januarius und altdeutsch Hartung

Dieser erste Monat im Reigen unserer heutigen Jahreseinteilung war mein Geburtsmonat. Ich erblickte an einem Sonntag zu Berlin anno 1712 das Licht der Welt. Mein Geburtszimmer befand sich bis zur Schlosszerstörung im Stadtschoss zu Berlin und ward nahezu unberührt vorhanden. Als ich zur Welt kam, da lebte noch mein Opa, Friedrich I. Er war sehr stolz, mich als Thronerben über dem Taufbecken halten zu dürfen. Der Januar war nicht nur der Monat meiner Geburt, sondern in diesem Monat feierten alle Preußen gleichsam den Geburtstag des kleinen Königreiches. Der 18. Januar anno 1701 wurde als Gründungstag Preußens allerorts gefeiert.

Karl der Große soll diesen Monat Schneemonat genannt haben. Nach dem altrömischen Kalender war es der elfte Monat des Jahres. Seit der julianischen Kalenderreform im Jahre 46 vor Christus leitet er das Jahr ein. Vielfach als Eismonat beschrieben, oder von den Vorvätern mit dem Namen „Hartung" bezeichnet, sagte meine österreichische Gegenspielerin Maria Theresia zu diesem Monat in ihrem Jargon „Jänner".

Bezeichnet ist der Monat Januarius nach dem römischen Gott Janus. Der Legende des Altertums nach beherrschte Gott Janus einst von einem Hügel aus Latium in Mittelitalien. Janus gewährte Saturnus (Kronos), dem Vater des Zeus, in seinem Reiche Zuflucht, weil er von seinem Sohn nach dem Sieg über die Titanen vertrieben wurde. Mit ihm zusammen begründete er das viel gerühmte „Goldene Zeitalter".

So war der Januar zu meinen Lebzeiten dero einst der klassische Wintermonat, in dem ich mich mehr oder weniger in Berlin aufzuhalten pflegte. Oft befand ich mich Anfang Januar in Berlin, um dahiero die Eistage gut zu überstehen und um meinen Geburtstag zu feiern, Aufführungen an der Oper zu genießen, Karnevalsveranstaltungen zu besuchen und Maskenbälle zu halten, Freunde wiederzusehen, meine Mutter und meine Schwester zu besuchen, das Zeughaus und die Porzellanmanufaktur zu inspizieren, Regierungsgeschäfte vorort zu erledigen, diplomatische Kontakte zu pflegen und militärische Planungen zu überdenken.

Berliner Bierbrauer bei der Arbeit

Januar-Geschichte:

Berlin, 12. und 14. Januar anno 1781 vor 230 Jahren:

Sterben der Bierbrauereien durch unbotmäßigen Kaffeegenuss

Die Berliner Kaufleute riefen mein Missfallen hervor, weil sie dem Volk zu sehr den Kaffeegenuss schmackhaft machten und dadurch die preußischen Bierbrauereien in den Ruin trieben. Das Sterben der Bierbrauereien war in meinen Augen ursächlich durch den extrem gestiegenen Kaffeekonsum herbeigeführt worden und machte eine Veränderung des Kaffeehandels erforderlich.

In einer Kabinettsordre an die Berliner Kaufleute stellte ich fest: „Der augenscheinlich überhand nehmende Gebrauch des Kaffee, so wie die damit immer mehr um sich greiffende Contrebande mit demselben, sind die einzigen Ursachen", welche mich bewogen, den Kaffeegenuss einzuschränken. „Höchstdero einzige Absicht ist diese: daß nicht alle Maurer, Mägde und dergleichen von ihrer Hände Arbeit sich nährende Personen Kaffee trinken sollen." Da die Kaufmannschaft keine Ruhe gab, sprach ich zwei Tage später nochmals etwas deutlichere Worte zum übermäßigen Kaffeegenuss. Ich erklärte in landesväterlicher Absicht, da offensichtlich die „hiesigen Materialhändler" meine Intentionen nicht erkannten: „Zu dem Ende muß gedachte Material-Handlung wissen, daß eines Theils blos für Kaffee, wenigstens jährlich 700 000 Thlr. aus dem Lande gehen, und dagegen die Bierbrauerei, welche blos eigene Landesproducte consumirt, zum größten und unwiederbringlichen Verlust des Adels, des Bürgers und des Landmanns, abscheulich herunter und ihrem Ruine nahe gekommen ist."

Sonnabend, 1. Januar 2011 *Vor 230 Jahren anno 1781* fiel der Neujahrstag auf einen Montag. Da ward ich in Berlin, wo ich schon die zurückliegenden Festtage verbrachte. Heute begann die Anwendung der neuen Prozess-Ordnung. Sie ist unter dem Titel: „**Corpus juris Friedericiani**, erstes Buch", erschienen und bei den Landesjustiz-Kollegien in allen nach dem 1. Januar einkommenden Sachen anzuwenden.

Sonntag, 2. Januar 2011 *Vor 260 Jahren anno 1751* ward dies ein Sonnabend. Ich weilte in Berlin, wo ich seit Mitte Dezember mein Winterquartier genommen habe. Erst in zwei Wochen werde ich kurz nach Potsdam zurückkehren.

Montag, 3. Januar 2011 *Vor 265 Jahren anno 1746* ward dies gleichsam ein Montag. Es starb heute in Berlin mein Freund und Lehrer ***Jacques Egide Duhan de Jandun*** im 61. Lebensjahr. Gleich nach meiner Thronbesteigung hatte ich ihn zum Geheimrat im Außenministerium ernannt. Vor zwei Jahren habe ich ihn zum Ehrenmitglied meiner königlichen Akademie zu Berlin gemacht. Der Hugenottenspross galt als mein Präzeptor.

Dienstag, 4. Januar 2011 *Vor 260 Jahren anno 1751* ward dies ein Montag und ich befand mich in Berlin. Da ärgerte ich mich über den streitsüchtigen Voltaire, der mit schmutzigen Geschäften unter Ausnutzung meines Namens Geld zu verdienen glaubte. Dies gipfelte in juristischer Fehde. Hier begann heute der entsprechende gerichtliche Prozess zwischen dem Schutzjuden ***Hirsch*** und ***Voltaire***.

Mittwoch, 5. Januar 2011 V*or 260 Jahren anno 1751* ward dies ein Dienstag. Ich verharrte in Berlin und seit ein paar Tagen plagte mich der **Rheumatismus**.

Donnerstag, 6. Januar 2011 *Vor 240 Jahren anno 1771* ward dieser Tag ein Sonntag. Ich ward in Berlin und speiste heute bei der Königin, meiner Frau ***Elisabeth Christine***. Wie in früheren Jahren üblich, so hielt ich es auch in diesem Jahr, dass ich im Januar „mehrere Tausend **Thaler für die Armen**" verschenkte.

Freitag, 7. Januar 2011 *Vor 260 Jahren anno 1751* ist dieser Tag ein Donnerstag, an dem ich in Berlin weilte.

Sonnabend, 8. Januar 2011 *Vor 230 Jahren anno 1781* ist dies ein Montag und ich residierte in Berlin. Hier stattete ich heute meiner Schwester, der Prinzessin ***Amalie*** einen Besuch in ihrem Palais „**Unter den Linden**" ab.

Sonntag, 9. Januar 2011 *Vor 265 Jahren anno 1746* war der heutige Tage gleichsam ein Sonntag. Seit drei Tagen hielt ich mich in Berlin auf, wo ich bis zu meinem Geburtstag bleiben werde.

Montag, 10. Januar 2011 *Vor 275 Jahren anno 1736* ward dies ein Dienstag. Ich verbrachte den Abend in Berlin mit meiner lieben Schwester Amalie. Nach französischer Sitte nannte ich sie gerne immer „***Amélie***". Sie bereitete mir ein vorzügliches Essen.

Dienstag, 11. Januar 2011 *Vor 265 Jahren anno 1746* ward dies gleichsam ein Dienstag. Heute ging ich mit meinem Baumeister ***Georg Wenzelslaus von Knobelsdorff*** nach Charlottenburg, wo ich mit ihm über weitere Baumaßnahmen zu sprechen hatte. Galt es doch, die Unstimmigkeiten, die sich mit den begonnenen Bauten in Sanssouci ergeben hatten, auszuräumen.

Mittwoch, 12. Januar 2011 *Vor 230 Jahren anno 1781* ward dieser Tag ein Freitag. Ich befand mich in Berlin und haderte mit den Berliner Kaufleuten, die dem Volke den **unbotmäßigen Kaffeegenuss** offerierten und damit die Bierbrauer zu ruinieren drohen.

Donnerstag, 13. Januar anno 2011 *Vor 240 Jahren anno 1771* ward dieser Tag ein Sonntag. Ich speiste heute in Berlin bei meiner Frau ***Elisabeth Christine***.

Freitag, 14. Januar 2011 *Vor 230 Jahren anno 1781* ward dies ein Sonntag. Ich befand mich in Berlin und musste so wie schon am Freitag, der Berliner Kaufmannschaft schreiben, damit zur **Rettung der Bierbrauer** der übermäßige Kaffeegenuss unterbunden wurde.

Sonnabend, 15. Januar 2011 *Vor 245 Jahren anno 1766* war dieser Tag ein Mittwoch. Ich beabsichtigte, die **Steuerreform** zu befördern. Das wenig erfolgreiche preußische Steuersystem soll geändert werden und sich an Frankreich orientieren. Deshalb empfing ich heute in Berlin den aus Frankreich angekommenen Finanzier ***de la Haye*** zur Audienz. Die ersten „Französischen Fermiers, welche im Preußischen die **Regie** einrichten sollen", erreichten in den ersten Januartagen die Spreemetropole.

Sonntag, 16. Januar 2011 *Vor 265 Jahren anno 1746* ward dies gleichsam ein Sonntag und ich verblieb in Berlin. Heute erfolgte ein **Te Deum im Dom** am Schlossplatz zur Feier des im Dezember geschlossenen Friedens von Dresden.

Montag, 17. Januar 2011 *Vor 245 Jahren anno 1766* ward dies ein Freitag. Ich verweilte in Berlin. Wegen des Todes meiner Schwester Sophie von Brandenburg-Schwedt fingen erst heute die **Karnevalsveranstaltungen verspätet** und mit reduziertem Programm an. Sonst war in Berlin Karnevalsbeginn bereits im Dezember.
In Zukunft sollten **Bauernkinder** weitestgehend **vom Militärdienst befreit** werden. Darum erging heute dazu mein neues Gesetz: Es zielte auf „Ermäßigung des Zwangdienens der Bauerkinder."

Dienstag, 18. Januar 2011 Das war der Krönungstag Preußens. *Vor 265 Jahren anno 1746* ward dies gleichsam ein Dienstag. Ich befand mich in Berlin. Mein Bruder Prinz ***Heinrich*** feierte heute seinen 20. Geburtstag.

An diesem Tage erfolgte die Einstellung des Franzosen ***Claude Etienne Darget***, auch d'Arget genannt. Er trat in meine Dienste als mein **Sekretär und Vorleser**.

Das Jahresgeld war mäßig bemessen, aber er wurde von mir sehr geliebt. Über sechs Jahre wird er das vertrauensvolle Amt eines Vorlesers, literarischen Gehilfen und Sekretärs ausfüllen. Ein während jener Amtsjahre viel genannter Mann. Im März 1752, nachdem er seine geliebte, kleine, preußische Frau verloren hatte und an Leib und Gemüt kränkelte, zog er sich auf Urlaub nach Paris zurück. Im Jahr darauf musste er den Gedanken an Rückkehr ganz aufgeben - obschon er fortwährend und bis ans Ende mir als seinem alten Herrn treu anhing und mehr oder weniger in brieflichem Verkehr mit mir verblieb. Durch meine Verwendung erhielt er in Paris eine kleine Anstellung bei der „Ecole militaire". Er galt in meinen Augen von allen Franzosen, die sich um mich versammelten, mit der einzigen Ausnahme d'Argens, als der Redlichste. In Paris verkehrte Voltaire viel mit ihm. Was bei Voltaire von preußischen Dingen einigermaßen Wahres zu finden ist, dies hat vermutlich d'Arget bewirkt.

Mittwoch, 19. Januar 2011 *Vor 245 Jahren anno 1766* ward dieser Tag ein Sonntag und es fand bei mir in Berlin aus Anlass der **Karnevalsfestivitäten** die „große Cour" statt.

Donnerstag, 20. Januar 2011 *Vor 240 Jahren anno 1771* fiel dieser Tag auf einen Sonntag. Wie die Sonntage zuvor, so speiste ich auch heute wieder bei meiner Frau, der Königin ***Elisabeth Christine*** in Berlin.

Freitag, 21. Januar 2011 *Vor 230 Jahren anno 1781* ward dies ein Sonntag. Ich bin in Berlin. Heute erschien meine „Declaration" wegen **Errichtung der königlichen Kaffee-Brennerei** und wegen Verkauf des gebrannten Kaffees.

Außerdem schrieb ich nun an den „Magister und Conrector Moritz". ***Carl Philipp Moritz*** wirkte als **Konrektor** am „**Grauen Kloster**". Er verfasste „Briefe über den Märkischen Dialekt" und „Briefe vom Unterschied des Akkusativ und Dativ". Ebenso widmete Moritz mir in diesem Jahr sechs deutsche Gedichte. Ich schreibe an Moritz: „Malten alle Deutsche Dichter wie Ihr, in Euren Mir zugefertigten Gedichten, mit so viel Geschmack, und herrschte in ihren Schriften eben der Verstand und Geist, welcher aus den beigelegten zwei kleinen Briefsammlungen hervorblickt; so würde Ich bald meine landesväterlichen Wünsche erfüllt, und die Deutschen Schriftsteller an Würde und Glanz den auswärtigen den Rang streitig machen sehen. Eure drei Schriften eröffnen Mir dazu eine neue angenehme Aussicht. Sie haben Meinen völligen Beifall, und Ich ermuntere Euch zur fernern Verkollkommnung der vaterländischen Sprache als Euer gnädiger König."

Sonnabend, 22. Januar 2011 *Vor 265 Jahren anno 1746* ward dieser Tag gleichsam ein Sonnabend. Ich begab mich heute mit dem ***Herzog Karl von Braunschweig***, der im Grunewald gejagt hatte, zu Tisch nach Charlottenburg.

Sonntag, 23. Januar 2011 *Vor 265 Jahren anno 1746* ward dies gleichsam ein Sonntag, den ich in Berlin verbrachte.

Montag, 24. Januar 2011 *Vor 245 Jahren anno 1766* fiel mein heutiger **54. Geburtstag** auf einen Freitag. Ich feierte ihn in Berlin im Kreise meiner Familie. Es war bei mir „große Cour". Abends besuchten wir die Oper und der Ball. Sie schlossen den Reigen der Geburtstagsfeierlichkeiten. Ich hatte mich mit meiner Frau ***Elisabeth Christine*** und sämtlichen anwesenden Prinzen und Prinzessinnen zu meinem Bruder Prinz Heinrich begeben, wo wir gemeinsam speisten. Die Tafelrunde aus Anlass meines Geburtstages fand im neu erbauten Palais meines Bruders „Unter den Linden" statt. Erst in diesem Monat hatte er das neu erbaute Palais mit seiner

Gemahlin bezogen. Es wird nach meinem Bruder als **Prinz Heinrich Palais** genannt. Die Baumaßnahmen waren bereits anno 1748 begonnen worden, doch durch den Siebenjährigen Krieg nicht zum Abschluss gekommen. Ursprünglich sollte es mein Königsschloss für Berlin werden. Doch dann entschloss ich mich, es 1752 meinem Bruder zur Hochzeit zu schenken. Leider verlief die Ehe glücklos und die Eheleute benutzten die links und rechts jeweils getrennt voneinander liegenden Flügel des mächtigen Palais als Wohnquartier. Erst mein Großneffe Friedrich Wilhelm III. wird das Bauwerk nach dem Tode meines Bruders als Berliner Universitätsgelände stiften.

Dienstag, 25. Januar 2011 *Vor 255 Jahren anno 1756* ward dies ein Sonntag, an dem ich in Berlin meine Frau ***Elisabeth Christine*** besuchte, der Chronist vermerkte: „zur Cour bei der Königin“. Gleichsam konnte an diesem Tage meine Schwester Sophie, die Markgräfin von Brandenburg-Schwedt, ihren 37. Geburtstag feiern.

Mittwoch, 26. Januar 2011 *Vor 260 Jahren anno 1751* ward dies ein Dienstag, den ich in Berlin verbrachte.

Donnerstag, 27. Januar 2011 *Vor 225 Jahren anno 1786* ward dies ein Freitag. Es verstarb heute in Berlin in seinem Hause in der Kochstraße Nr. 62 mein Reitergeneral ***von Zieten*** im Alter von 86 Jahren.

Freitag, 28. Januar 2011 *Vor 240 Jahren anno 1771* ward dieser Tag ein Montag. Ich weilte in Berlin. Mein Bruder Prinz ***Heinrich*** hatte heute **Petersburg** verlassen, wo er sich auf Staatsbesuch befand. Heute starb der englische Gesandte ***Andrew Mitchell*** in Berlin. Er wurde 60 Jahre alt. Man begrub ihn in der Dorotheenkirche, wo ihm auch ein Denkmal von Carrarischem Marmor errichtet wurde.

Sonnabend, 29. Januar 2011 *Vor 270 Jahren anno 1741* ward dieser Tag ein Sonntag. Gegen Mittag erreichte ich aus ***Schlesien*** kommend mein Hauptstadt Berlin. Mein Bruder ***August Wilhelm*** befand sich in meiner Begleitung. Ich blieb bis zum 4. Februar in Berlin.

Sonntag, 30. Januar 2011 *Vor 270 Jahren anno 1741* ward dies ein Montag und ich ging in Berlin meinen königlichen Amtsgeschäften nach. Erst Morgen werde ich mich nach Potsdam begeben.

Montag, 31. Januar 2011 Vor 295 Jahren anno 1716 ward dies ein Freitag. Ich war gerade vor einer Woche vier Jahre alt geworden und heute erhielt mein junger Lehrer Duhan in Berlin seine Anstellung. ***Duhan*** soll mich in Rechnen, Geografie und Geschichte der letzten hundert Jahre unterrichten, gleichsam die biblische Geschichte vermitteln. Der Elementarlehrer ***Hilmar Curas*** soll mir die gesunde Lebensweise lehren und mich im Lesen und Schreiben unterrichten. Duhan soll mit den Erzieherinnen gleichsam auf meine Gesundheit „Obacht haben“. Neben dem neuen Lehrer Duhan blieb ich weiterhin unter der Obhut der Frauen, der Frau ***von Rocoulle*** und ihrer Tochter ***Martha Duval***.

Der Februar
- lateinisch Februarius oder altdeutsch Hornung

Dero einst Februaris genannt, nach dem lateinischen Wort „februatio“, was soviel wie Reinigung bedeutet. Bestimmte Reinigungsriten wurden in diesem Monat vollzogen und das Sühneopfer musste erbracht werden. Nach römischer Mythologie gedachten die Römer ihrer Verstorbenen, die sich in der Gewalt des Pluto befanden. Es wurden Sühneveranstaltungen abgehalten, woher dann der Name Februare, also reinigen, sühnen abgeleitet wurde. Besonders hütete man sich, in diesem Monat zu heiraten, denn es könnte Ungemach bringen.

Bei den Römern war der Februar der letzte Monat im Kalender. Er erhielt deshalb auch den Füll- und Schalttag. Alle vier Jahre hat dieser Monat einen Tag länger, doch bleibt er trotzdem der kürzeste Monat des Jahres. Mit der Kalenderreform durch Julius Cäsar im Jahre 46 vor Christi wurde der Februar dann der zweite Monat im Jahreskreislauf.

Altdeutsch wurde dieser Monat unter dem Namen „Hornung“ vermerkt, weil in dieser Zeit das Vieh hörnt und die Hirsche ihr Geweih abwerfen. Er gilt als Tau- und Schmelzmonat, in dem die Dämonen des Winters weichen. Manchenorts wurden die Dämonen durch Vorfrühlings- und Fruchtbarkeitsfeste vertrieben. Unter religiösem Einfluss beschränkte sich dieses Feiern dann auf die Tage vor der Fastenzeit, die oftmals schon im Februar, 40 Tage vor Ostern begann.

Pierre Louis Moreau de Maupertuis

Februar-Geschichte:

Berlin, 1. Februar anno 1746 vor 265 Jahren:

Maupertuis wird Akademiepräsident

Mein Philosophenfreund Voltaire war sehr eifersüchtig auf Maupertuis. Voltaire konnte es nicht leiden, wenn neben ihm andere Franzosen in Preußen Karriere machten. Doch als König ließ ich mir auch von Voltaire nicht in meine Amtsgeschäfte reinreden. So machte ich unabhängig der Eifersüchteleien des Herrn Voltaire anno 1746 *Pierre Louis Moreau de* Maupertuis zum Präsidenten meiner königlichen Akademie der Wissenschaften zu Berlin. Doch Maupertuis war schon zuvor ein bedeutender Wissenschaftler. Bereits mit 25 Jahren war er in die französische Akademie der Wissenschaften aufgenommen worden und fünf Jahre später reiste er nach London und wurde zum Mitglied der

Royal of Society ernannt. Er war einer der wenigen Universalgelehrten. Als Mathematiker, Physiker, Genetiker, Astronom und Philosoph machte er von sich reden.

Gleich nach meiner Thronbesteigung anno 1740 lud ich de Maupertuis ein, meiner neu einzurichtenden Akademie der Wissenschaften die erforderliche Form zu geben, nachdem es Maupertuis gelungen war, der Welt die Form der Erde zu beweisen. Vor der Académie Francais hatte er in Paris präzise die Abplattung der Pole belegen können. Zuvor hatte er in einer aufsehenerregenden Expedition nach Lappland den Polarkreis ausgemessen und seine Theorie über die Abplattung der Pole erhärten können. In Erinnerung seiner wissenschaftlichen Erkenntnisse, die er in Lappland hatte finden können, trug er zeitlebens sehr oft die Tracht der Lappen. Wodurch er in Berlin ein sehr exotisches Erscheinungsbild abgab.

Erstmalig traf ich Maupertuis anno 1740 in Wesel. Er folgte mir nach Berlin und im Jahr darauf sogar bis ins schlesische Feldlager, wodurch er bei der Schlacht von Mollwitz leider in österreichische Gefangenschaft geriet und bis nach Wien verschleppt wurde. Aber meine Gegenspielerin Maria Theresia entließ ihn ehrenvoll und entschädigte ihn für alle erlittenen Unannehmlichkeiten. Kurzzeitig ging er nach Paris zurück und nahm 1743 dort an der Académie Francaise den Stuhl des verstorbenen Kardinals Fleury ein. Ein Jahr später reiste er nach Basel, um dann meinem Ruf nach Berlin zu folgen und meine Akademie zu organisieren. 1745 heiratete er die adlige Oberhofmeisterin meiner Schwester Amalie und stieg damit auch familiär in die obersten preußischen Gesellschaftsschichten auf.

Mein Vater hatte die preußische Akademie der Wissenschaften, die Leibniz zusammen mit meiner Oma Sophie Charlotte begründete, sehr vernachlässigt. Ich musste die Berliner Akademie nach meiner Regierungsübernahme völlig neu gründen. Durch Maupertuis gelang die Reorganisation. Auf meinem Reiterstandbild „Unter den Linden" zu Berlin ist er als herausragender Wissenschaftler ausdrücklich zusammen mit mir verewigt.

Dienstag, 1. Februar 2011 *Vor 265 Jahren anno 1746* ward dies gleichsam ein Dienstag, an dem ich in Berlin weilte. Heute wurde ***Pierre Louis Moreau de Maupertuis*** neuer **Präsident** meiner königlichen **Akademie** „Unter den Linden".

Mittwoch, 2. Februar 2011 *Vor 265 Jahren anno 1746* ward dies gleichsam ein Mittwoch. Dieser Tag brachte mir ein gutes und ein schlechtes Ereignis nahe: In Berlin stürzte ich heute mit meinem Pferd und es kam aus Schweden ***Leutnant Zögen*** und überbrachte mir die Nachricht von der Geburt meines Neffen. Der ***schwedische Kronprinz Gustav*** kam vor neun Tagen zur Welt. Später wird mein kleiner Neffe als König Gustav III. von Schweden in die Geschichte eingehen.

Donnerstag, 3. Februar 2011 *Vor 265 Jahren anno 1746* ward dieser Tag gleichsam ein Donnerstag, an dem ich in Berlin verharrte. Gestern war ich mit dem Pferd gestürzt und muss mich nun schonen. Meine Schwester ***Sophie*** ist Markgräfin von Schwedt. Sie weilte bei mir zu Besuch, reiste heute aber leider wieder ab.

Freitag, 4. Februar 2011 *Vor 270 Jahren anno 1741* ward dieser Tag ein Sonnabend und ich ging in Berlin meinen Regierungsgeschäften nach.

Sonnabend, 5. Februar 2011 *Vor 265 Jahren anno 1746* ward dies gleichsam ein Sonnabend und ich weilte in Berlin.

Sonntag, 6. Februar 2011 Vor 265 Jahren anno 1746 ward dies gleichsam ein Sonntag, an dem ich in Berlin verharrte. Seit über einer Woche versah ich in meiner Regierungshauptstadt meinen Königsdienst. Ich werde erst wieder am Sonnabend nach Potsdam gehen.

Montag, 7. Februar 2011 *Vor 265 Jahren anno 1746* ward dies gleichsam ein Montag, an dem ich in Berlin wieder meinen Regierungsgeschäften nachzugehen hatte.

Dienstag, 8. Februar 2011 *Vor 265 Jahren anno 1746* ward dies gleichsam ein Dienstag, den ich in Berlin verbrachte.

Mittwoch, 9. Februar 2011 *Vor 265 Jahren anno 1746* ward dies gleichsam ein Mittwoch. An diesem Tag befand ich mich in Berlin.

Donnerstag, 10. Februar 2011 *Vor 270 Jahren anno 1741* ward dies ein Mittwoch, den ich in Berlin mit Regierungsgeschäften zu verbringen hatte.

Freitag, 11. Februar 2011 *Vor 265 Jahren anno 1746* ward dies gleichsam ein Freitag und ich weilte in Berlin.

Sonnabend, 12. Februar 2011 *Vor 270 Jahren anno 1741* ward dies ein Sonntag. Ich befand mich seit Donnerstag in Berlin und werde hier bis Dienstag mich meinen königlichen Regierungsgeschäften zu widmen haben.

Sonntag, 13. Februar 2011 *Vor 220 Jahren anno 1741* ward dies ein Montag, an dem ich mein Königreich von Berlin aus regierte. Aber Morgen werde ich mich nach Potsdam begeben.

Montag, 14. Februar 2011 *Vor 265 Jahren anno 1746* ward dies gleichsam ein Montag. Von Potsdam aus kommend weilte ich in Berlin.

Dienstag, 15. Februar 2011 Vor 265 Jahren anno 1746 ward dies auch ein Dienstag und ich ging in Berlin meinen Regierungsgeschäften nach.

Mittwoch, 16. Februar 2011 *Vor 270 Jahren anno 1741* ward dies ein Donnerstag. Ich kam heute von Potsdam aus nach Berlin, wo ich die nächsten drei Tage in meiner Residenzhauptstadt am Ufer der Spree viele wichtige Gespräche zu führen hatte.

Donnerstag, 17. Februar 2011 *Vor 270 Jahren anno 1741* ward dieser Tag ein Freitag. Ich residierte in Berlin. Morgen am Abend werde ich mich auf einer Gesellschaft bei **Gustav Adolf Graf Gotter** einfinden. Er verfügt über beste Kontakte zum österreichischen Hof. Mein Vater hat ihn 1732 als preußischen Gesandten in Wien mit einem hohen Gehalt ausgestattet. Das Amt nahm er zwei Jahre wahr, zog sich dann auf sein Schloss Molsdorf bei Gotha zurück. Nach meiner Thronbesteigung berief ich ihn zu meinem Oberhofmarschall. Am 9. Dezember hatte ich ihn nach Wien geschickt, um eine Verständigung mit Österreich über Schlesien herbeizuführen. Leider gelang dieser erste Vermittlungsversuch nicht. In den letzten Wochen hatte ich Schlesien schnell besetzen können. Es gab kaum Widerstand gegen meine Erbansprüche.

Freitag, 18. Februar 2011 *Vor 265 Jahren anno 1746* ward dies gleichsam ein Freitag und ich weilte in Berlin.

Sonnabend, 19. Februar 2011 *Vor 265 Jahren anno 1746* ward dieser Tag auch ein Sonnabend und ich verweilte in Berlin.

Sonntag, 20. Februar 2011 *Vor 265 Jahren anno 1746* war dies gleichsam ein Sonntag. Ich wirkte in Berlin und gab heute hier meine legendäre „**Konfidenztafel**". Es kam heute als neuer englischer Gesandter ***Thomas Villiers*** in die preußische Residenzhauptstadt. Am Dienstag werde ich ihn zur Audienz empfangen.

Montag, 21. Februar 2011 *Vor 265 Jahren anno 1746* ward dies gleichsam ein Montag. An diesem Tag befand ich mich in Berlin und begab mich zu meinem Bruder ***August Wilhelm***, dem Prinzen von Preußen.

Dienstag, 22. Februar 2011 Vor 265 Jahren anno 1746 ward dieser Tag gleichsam ein Dienstag. Heute besuchte ich den Markgrafen ***Karl Friedrich Albrecht von Brandenburg-Schwed***t und empfing in Berlin den neuen englischen Gesandten ***Thomas Villiers*** zur Audienz. An diesem Tage beförderte ich ***Robert Scipio von Lentulus*** zum Major und ernenne ihn zu meinem Flügeladjutanten. Ursprünglich stand er in österreichischen Diensten, aber als evangelischer Christ und Schweizer Patriziersohn fühlte er sich in der österreichischen Armee zurückgesetzt. Deshalb quittierte er seinen Dienst und folgte meiner Einladung, unter den Schutz der Krone Preußens zu treten.

Mittwoch, 23. Februar 2011 *Vor 265 Jahren anno 1746* ward dies gleichsam ein Mittwoch. In Berlin besuchte ich heute meinen Freund Graf ***Friedrich Rudolf von Rothenburg***. Meine Freundschaft bescherte ihm viele Feinde. Ich ernannte ihn im letzten Jahr zum Generalleutnant. Im nächsten Jahr wird er in Berlin ein Haus erwerben und als gläubiger Katholik sich sehr für den Bau der Hedwigs-Kathedrale einsetzen, für die ich das Grundstück und entsprechend Baumaterialien stiftete.

Donnerstag, 24. Februar 2011 *Vor 265 Jahren anno 1746* ward dieser Tag gleichsam ein Donnerstag. Ich residierte in Berlin und seit gestern war Fürst ***Victorius Nessar*** aus Syrien in Berlin. Der Fürst wurde mir vorgestellt, reist aber bereits übermorgen weiter nach Dresden.

Freitag, 25. Februar 2011 *Vor 265 Jahren anno 1746* ward dieser Tag gleichsam ein Freitag. Ich regierte heute in Berlin. Meine Verwaltung bedurfte einer Reformierung. Ein zentrales **Militärdepartement** in der staatlichen Verwaltung musste her. Das Generaldirektorium war die allumfassende staatliche Verwaltung für jegliche zivilen und militärischen Angelegenheiten. Die bisherigen fünf Departements wurden numehro durch eine neue 6. Abteilung ergänzt. Das neu geschaffene 6. Departement wird ausschließlich für das Militärwesen zuständig sein. Bisher wurden die verschiedenen Militärfragen in mehreren Departments wahrgenommen, aber jetzo galt es, sie zentral in einem zusammenzufassen. Ihrem Wesen nach waren die Beamten des Generaldirektoriums zivile Mitarbeiter, doch im Kriegsfall hatten sie das Feldkriegskommissariat zu stellen. In Friedenszeiten kehrten sie wieder in ihre zivilen Stellungen zurück. Der Leiter des neu geschaffenen 6. Departements erhält wieder den alten Titel: **Generalkriegskommissar**.

Sonnabend, 26. Februar 2011 *Vor 265 Jahren anno 1746* ward dies gleichsam ein Sonnabend. Ich befand mich seit zwölf Tagen in Berlin und werde noch heute von hier aus nach Potsdam gehen.

Sonntag, 27. Februar 2011 *Vor 276 Jahren anno 1735* war dieser Tag ein Sonntag. Ich ward heimlich als junger Kronprinz in Berlin, wie der österreichische Spion Graf ***Christoph Ludwig von Seckendorff*** konspirativ ermittelte.

Montag, 28. Februar 2011 *Vor 250 Jahren anno 1761* ward dies ein Sonnabend. Heute erschien in Berlin ein Anhang zum „Codex Fridericiani“, mit dem ich das Justizwesen verbessern möchte.

Der März
- lateinisch Martius und altdeutsch Lenzing

Der März war ursprünglich der Monat wonach laut römischem Kalender das Jahr begann, denn im alten Rom fing das Jahr geradezu preußisch, mit Arbeit an. Am 25. März feierte man im römischen Imperium den Jahresanfang, also nicht im ruhigen Winter, sondern im Aufbruch des Monats März. Gleichsam galt er als Saatmonat, weil der Jahresanfang durch die Arbeit bestimmt war, denn im Frühjahr erfolgte die Aussaat auf den Feldern und die Soldaten begannen mit der im Winter ausgesetzten Kriegsführung. So wurde im alten Rom der Name des Monats März abgeleitet vom Kriegsgott Mars. Die Salier des Mars, ein Priesterkollegium, führten im März tanzend und singend die heiligen Schilde des Gottes in einer Prozession dem Volk von Rom vor. Der Legende nach war Mars der Vater von Romulus und Remus, den Gründern der Stadt. Nach alter klassisch-römischer Auffassung wurde der Jahresanfang am 25. März gefeiert.

Das war auch die Zeit, wo ich zumeist mein Winterquartier verließ und mit dem Exerzieren meiner Soldaten begann. Da ließ ich die Revue passieren und besah den Vorbeimarsch meiner Truppen.

Die alten Deutschen nannten den Monat Lenzing, weil der Lenz, der Frühling, Einzug hielt.

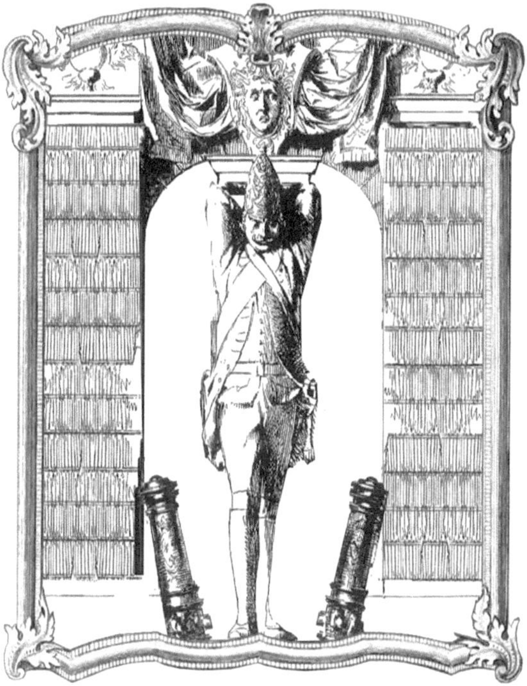

Ein toter Riesensoldat

März-Geschichte:

Berlin, 21. März anno 1786 vor 225 Jahren:

Ein langer Kerl stirbt zu Berlin mit 99 Jahren

Im von mir errichteten Invalidenhaus zu Berlin stirbt heute einer der letzten langen Kerle meines Vaters im Alter von 99 Jahren. Es ist „ein Officier“, welcher 1709 unter der „Compagnie“ großer Leute gedient hatte, die König Friedrich Wilhelm I. sich bereits als junger Kronprinz errichtet hatte. Der Name eines der letzten Gardesoldaten meines Vaters war Bernhard Maximilian von Ostheim. 1724 fand er Verwendung bei der großen Garde in Potsdam.

Allerdings schaffte ich bei meiner Regierungsübernahme anno 1740 diese Riesengarde ab. Denn die langen Kerle waren nicht nur teuer im Einkauf, sondern gleichsam teuer im Unterhalt. Sie passten in keinen Schuh und aßen ein Vielfaches, was ein normaler Soldat benötigte. Ebenso betrachtete ich ihren militärischen Nutzen als höchst fragwürdig. Diese Riesen konnten zwar die damals noch gebräuchlichen Vorderladergewehre gut bedienen, boten aber gleichsam aufgrund ihrer Körpergröße von mindestens 1,88 Meter eine gute Zielscheibe. Diese Riesengarde war das Spielzeug meines Vaters. Bei der Beerdigung meines Vaters durften sie noch einmal auftreten und dann war Schluss damit. Ich steckte mein Geld lieber in andere Dinge. Trotzdem gab es in Preußen weiterhin große Soldaten, doch sie genossen nicht mehr diese privilegierte Stellung, die sie einstmals während der Ära meines Vaters besaßen. Statt der „Langen Kerle" bevorzugte ich mehr die Husaren.

Der nun verstorbene Elitesoldat meines Vaters diente nach meiner Thronbesteigung im damaligen Markgraf Heinrichschen Regiment. Altersbedingt kam er 1748 mit 61 Jahren in das von mir neu erbaute Invalidenhaus. Er galt als einer der wenigen meiner Zeitgenossen, die das hohe Alter von 99 Jahr erreichten (Q1e, S. 347).

Dienstag, 1. März 2011 *Vor 233 anno 1778* ward der erste Tag im März ein Sonntag. Es verdichteten sich heute in Berlin die Nachrichten von bedrohlichen österreichischen Truppenbewegungen in Böhmen und Mähren. Offensichtlich wollte Österreich die „Baierschen Angelegenheiten" mit Krieg lösen. In den Wochen zuvor waren die Österreicher bereits in Niederbayern und in die Oberpfalz eingerückt. So musste ich auch dieser Tage meinen Regimentern Ordre erteilen, sich zusammenzuziehen.

Mittwoch, 2. März 2001 *Vor 265 Jahren anno 1746* ward dies gleichsam ein Mittwoch. In Berlin wird heute der kurpfälzische Gesandte ***Beckers*** ankommen.

Donnerstag, 3. März 2011 *Vor 266 Jahren anno 1745* ward dies ein Mittwoch, an dem ich mich in Berlin befand.

Freitag, 4. März 2011 *Vor 260 Jahren anno 1751* ward dies ein Donnerstag. Ich hielt mich für zwei Tage in Berlin auf und nahm hier heute die „Abschiedsaudienz von Williams" entgegen. Der englische Gesandte ***Charles Hanbury Williams*** zeichnete sich nicht nur als Diplomat, sondern auch als Dichter aus.

Sonnabend, 5. März 2011 *Vor 260 Jahren anno 1751* ward dies ein Freitag, an dem ich in Berlin meinen kranken Freund Graf ***Rothenburg*** besuchte, obwohl es mir selber nicht so gut ging.

Sonntag, 6. März 2011 *Vor 275 Jahren anno 1736* ward dies ein Dienstag. Jetzo waren mir ein paar Tage Aufenthalt in meiner Residenzhauptstadt vergönnt. Endlich konnte ich wieder in Berlin sein.

Montag, 7. März 2011 Heute ist Rosenmontag. *Vor 275 Jahren anno 1736* ward dies ein Mittwoch. Ich nahm als junger Kronprinz sehr standesgemäß in Berlin Quartier. Damals feierten wir den Karneval bereits immer Anfang Dezember. In Berlin bewohnte ich zusammen mit meiner Frau ***Elisabeth Christine*** das Kronprinzenpalais „Unter den Linden", wo vorgestern meine Frau meinen Vater zu einem Empfang eingeladen hatte.

Dienstag, 8. März 2011 *Vor 275 Jahren anno 1736* ward dies ein Donnerstag. Ich freute mich, für einige Tage in Berlin verweilen zu können.

Mittwoch, 9. März 2011 *Vor 275 Jahren anno 1736* ward dies ein Freitag und ich hielt mich weiterhin in Berlin auf.

Donnerstag, 10. März 2011 *Vor 275 Jahren anno 1736* ward dies ein Sonnabend. Ich residierte in Berlin in meinem Kronprinzenpalais „Unter den Linden". Der französische Gesandte ***Marquis de la Chétardie*** plegte die Verbindung zu mir. Mit Hilfe von ***Isaak Franz Egmond Chasot*** und des Abbé ***Jean Baptiste Louis Gresset*** versuchte er, Einfluss auf mich auszuüben. Der Marquis ist sehr erfreut über mein Interesse an Voltaire. Er vermerkt, dass ich erst kürzlich in meinem kleinen Theater in Ruppin die Voltaire-Tragödie „Alzire" aufgeführt habe. Das kleine Tempel-Theater in Ruppin war eingebettet in meinen Rokokogarten, den mir im letzten Jahr mein Freund ***Georg Wenzeslaus von Knobelsdorff*** geschaffen hatte. Mit ihm gedenke ich in Berlin noch viel zu bauen, wenn ich erst einmal König bin.

Freitag, 11. März 2011 *Vor 275 Jahren anno 1736* ward dies ein Sonntag, an dem ich in Berlin einer „Predigt bei Beausobre" lauschte. ***Isaac Beausobre*** galt als herausragender Prediger und stand bei meinem Vater in hohem Ansehen. Er war Pfarrer der französisch-reformierten Gemeinde zu Berlin und hatte den Ruf als **Sklavenbefreier**. Mein Großvater hatte Beausobre einstmals zu diplomatischen Missionen berufen. So konnte der Geistliche 1704 nach der Schlacht von Höchstedt den Austausch der reformierten Galeerensklaven gegen französische Gefangene vermittelt.

Es war mein letzter Tag in Berlin, denn morgen kehrte ich nach Ruppin zurück.

Sonnabend, 12. März 2011 *Vor 266 Jahren anno 1745* ward dies ein Freitag, an diesem Tag weilte ich in Berlin. Ich bin in Vorbereitung auf meine Abreise nach Schlesien.

Sonntag, 13. März 2011 *Vor 266 Jahren anno 1745* war dies ein Sonnabend, an dem ich in Berlin meinen Regierungsangelegenheiten nachging.

Montag, 14. März 2011 *Vor 266 anno 1745* ward dies ein Sonntag und ich weilte in Berlin.

Dienstag, 15. März 2011 *Vor 265 Jahren anno 1746* ward dies gleichsam ein Dienstag. Von Potsdam hatte ich mich nach Berlin begeben, wo ich für drei Tage verharrte.

Mittwoch, 16. März 2011 *Vor 265 Jahren anno 1746* ward dies gleichsam ein Mittwoch. Heute residierte ich in Berlin und besuchte meinen Freund Graf ***Friedrich Rudolf von Rothenburg***.

Donnerstag, 17. März 2011 *Vor 265 Jahren anno 1746* ward dies gleichsam ein Donnerstag. Ich ging in Berlin meinen königlichen Regierungsgeschäften nach und werde mich noch heute nach Potsdam begeben.

Freitag, 18. März 2011 *Vor 277 Jahren anno 1734* ward dies ein Donnerstag und ich weilte in Berlin. Vorgestern hat mein Herr Papa den „Kaufcontract von Rheinsberg" unterschrieben. Das **Schloss Rheinsberg** erhalte ich als meine Sommerresidenz zum Geschenk, damit ich mich als Kronprinz und junger Ehemann in den Augen meines Vaters standesgemäß bewähren kann.

Sonnabend, 19. März 2011 In der Schweiz wird heute der Josephstag gefeiert. *Vor 277 Jahren anno 1734* ward dies ein Freitag und ich verweilte in Berlin.

Sonntag, 20. März 2011 Heute ist Frühlingsanfang. *Vor 255 Jahren anno 1756* ward dies ein Sonnabend. Der französische Gesandte ***Veit Ludwig Heinrich Valory*** kam heute in Berlin an. Ich befand mich allerdings nicht in Berlin, sondern in Potsdam, wohin ich den Marquis zur Audienz bat.

Montag, 21. März 2011 *Vor 225 Jahren anno 1786* ward dies ein Dienstag. Mein gesundheitliches Befinden war sehr schlecht. Krankheitsbedingt konnte ich leider nicht nach Berlin reisen, wo heute einer der letzten „Langen Kerle" meines Vaters verstarb.

Dienstag, 22. März 2011 *Vor 250 Jahren anno 1761* ward dies ein Sonntag. Heute wurde zwischen Preußen und dem Türkischen Reich ein Handels- und Freundschaftstraktat abgeschlossen. Es ist Ergebnis der guten Beziehungen zwischen Berlin und dem Sultan der osmanischen Pforte.

Mittwoch, 23. März 2011 *Vor 225 Jahren anno 1786* ward dies ein Donnerstag. Meine **Justiz-Reform** nahm in Berlin ihren Fortgang. „Es erscheint die dritte Abtheilung vom ersten Theil des Entwurfs zu einem Allgem. Gesetzbuch für die Preuß. Staaten, welche von den Rechten und Pflichten des Staates gegen seine Bürger und auch vom Vormundschafts- und Criminal-Recht handelt."

Donnerstag, 24. März 2011 *Vor 270 Jahren anno 1741* ward dies ein Freitag. Meine Feinde hatten in Preußen ehrenwerten Auftritt. Ich befand mich fern der Hauptstadt in Schlesien. Der gefangen genommene österreichische General Graf ***Franz Wenzel von Wallis*** aus Glogau kam heute nach Berlin. Er musste bis Ende Juni verharren. In Glogau hatte er eine Niederlage einstecken müssen. Preußische Truppen ergriffen in der Nacht vom 8. auf den 9. März Besitz von der schlesischen Stadt.

Gleichsam wird „ein Komplott entdeckt, welches nichts Geringeres" als meine Absetzung, ja gar meine Ermordung zum Zweck hatte. Ich ließ daraufhin mit sehr „starken Ausdrücken" ein Memorial gegen den Wiener Hof verkünden, um gegen den vermeintlichen **Mordanschlag** zu protestieren. Der Wiener Hof, der „sich wider alles Völkerrecht erlaube, Banditen gegen" mich auszusenden und den Königsmord zu fördern. Ich erklärte: „ohne auf die Kriegesgesetze Acht zu haben, welche auch unter den wildesten Völkern in Obacht genommen werden, zu den abscheulichsten Extremitäten sich verleiten lassen, Kundschafter, Spione und Banditen in's Lager zu senden, um alle meine Unternehmungen auszuforschen, mich zu verrathen, den feindlichen Partheien zu überliefern und sogar nach meiner Person zu trachten."

Freitag, 25. März 2011 *Vor 265 Jahren anno 1746* ward dies gleichsam ein Freitag. Von Potsdam aus kommend weilte ich nunmehro für vier Tage in Berlin.

Sonnabend, 26. März 2011 *Vor 265 Jahren anno 1746* ward dieser Tag gleichsam ein Sonnabend. Ich war seit gestern in Berlin.

Sonntag, 27. März 2011 Zeitumstellung, heute beginnt die Sommerzeit. *Vor 265 Jahren anno 1746* ward dies gleichsam ein Sonntag. Ich weilte in Berlin. Heute erfolgte die „Feier des Geburtstages der Königin-Mutter". Er wurde mit großer Pracht gefeiert. Ihr zu Ehren ließ ich an ihrem Ehrentag die „Oper Somno di Scipione von Graun" (der Traum des Scipio) aufführen. Nach Carl Heinrich Grauns vorzüglichem Singspiel hatte die große Abendtafel im Berliner Stadtschloss stattgefunden, die sogenannte **Maschinentafel**, auch Konfidenztafel, wie diese einzigartige Tafelrunde genannt wurde. Mein Mutter ***Sophie Dorothea*** feierte an diesem Tag ihren 59. Geburtstag.

Montag, 28. März 2011 *Vor 260 Jahren anno 1751* ward dies ein Sonntag. Für fünf Tage weilte ich in Berlin, gestern hatte ich an den Feierlichkeiten des Geburtstages meiner Mutter teilgenommen. Leider war ich an diesem Märztag nicht ganz gesund, mein Blut kochte. Es plagte mich „ébulition de sang" (kochendes Blut).

Dienstag, 29. März 2011 *Vor 271 Jahren anno 1740* ward dies ein Dienstag. Mein Vater war krank und ich hatte mich nach Berlin begeben, um ihn zu besuchen. Mein Vater ***Friedrich Wilhelm I.*** möchte aber, dass ich wieder zu meinem Regiment nach Ruppin gehe.

Mittwoch, 30. März 2011 *Vor 250 Jahren anno 1761* ward dies ein Montag. Ich weilte aber nicht in Berlin, sondern hielt mich in Sachsen auf. Doch heute kam mein Bruder Prinz ***Heinrich*** in Berlin an. Er hat sein Winterquartier verlassen. In der Nacht zum 31sten starb auf seinem Gute Weißensee bei Berlin der „Geh.-Rath, Landrath ***Karl Gottlob von Nüßler***, 76 Jahre alt."

Donnerstag, 31. März 2011 *Vor 260 Jahren anno 1751* ward dies ein Mittwoch. Ich residierte in Berlin und richtete heute die **Konfidenztafel** aus. Hernach reiste ich nach Potsdam ab.

Der April
- lateinisch Aprilis und altdeutsch Ostermonat genannt

Klassisch-lateinisch „Aprilis" genannt oder altdeutsch „Ostermonat". Einst galt dieser Monat als durchaus gefürchtet, weil er sehr unkalkulierbar erscheint. Der April macht, was er will. Er hält jeden zum Narren, denn sein launisches Wetter begründete seinen zweifelhaften Ruf. So wurde er auch „Launing" genannt. Weil das Osterfest meistens in den April fällt, so nannten ihn die christlichen Zeitgenossen „Ostermonat". Dieser Monat galt vielen Mitmenschen als wenig gesundheitsfördernd, ja manchem Beobachter als Unglücksmonat, weil am ersten April Judas Ischariot, der Verräter Christi, geboren sein soll.

In der ganzen Welt wird der erste Tag im April mit Streichen bedacht, so auch in Preußen. Mit einem Aprilscherz habe ich gemäß meinem Humor meine Zeitgenossen zu veralbern versucht. Wobei dieser Brauch seit dem 17. Jahrhundert in Preußen als überliefert galt. Aber auch schon Jesus soll an diesem Tag von den Römern „von Pontius zu Pilatus" geschickt worden sein, denn sie feierten an diesem Tag das Narrenfest. Und so war ich mancher Narretei durchaus zugeneigt.

Es war aber auch für mich der Monat der sehnsuchtsvollen Erwartung, wo ich früher oder später Berlin verließ, um in meine Sommerresidenz Sanssouci umzuziehen. Je nachdem es die Witterung und die Amtsgeschäfte erlaubten, so zog ich regelmäßig Anfang oder Mitte April in meine Privatresidenz nach Potsdam-Sanssouci. Lediglich Krankheit oder militärische Verpflichtungen konnten mich von dieser Gewohnheit abhalten.

Herzensdame Prinzessin Maria Theresia

April-Geschichte:

Berlin, 11. April anno 1731 vor 280 Jahren:

Heiratsantrag an Maria Theresia

Gerne würde ich auf Kavalierstour durch die Höfe Europas ziehen, als eine Art der damals durchaus üblichen Bildungsreisen, was gegenwärtig der Prinz Franz Stephan von Lothringen sich gönnen konnte. Er bereiste Holland, England und Preußen. Am Ende könnte ich auf diese Weise sogar eine mir angemessene Gemahlin finden. Die Heiratspläne in Richtung England sind bereits im letzten Jahr endgültig gescheitert und es droht mir nunmehro die Zwangsverheiratung durch meinen Herrn Papa. Die Heiratspläne meines Vaters versuchte ich, ein letztes Mal zu durchkreuzen. Ich schmachtete in Festungshaft in Küstrin und musste mich seinen drakonischen erzieherischen Zwangsmaßnahmen unterwerfen. Er schickte mir, als seinen Abgesandten, den Feldmarschall Friedrich Wilhelm von Grumbkow, der im Solde des Kaisers stand. Dem gedungenen österreichischen Spion Grumbkow übermittelte ich den Entwurf eines ganz neuen Heiratsprojekts und bat ihn, diesen Plan an den Grafen Christoph Ludwig von Seckendorff in Berlin weiterzuleiten, um ihn besonders Prinz Eugen von Savoyen ans Herz zu legen. Meine Überlegungen wurden durch den österreichischen Gesandten tatsächlich an Prinz Eugen weitergeleitet und meine Herzenshoffnungen stiegen gewaltig.

Ich hoffte stark, es würde funktionieren, denn Reichsgraf Seckendorff war Österreichs Resident in Berlin, und wenn er ein derartiges Heiratsvorhaben unterstützen täte, dann könnte es gelingen. Ich erklärte in einem Handschreiben an Seckendorff: Mein Bruder oder auch ich sollten die österreichische Prinzessin Maria Theresia ehelichen. Maria Theresia war die älteste Tochter von Kaiser Karl VI.. Mit warmen Gedanken versuchte ich, mich ihr zu nähern. Doch der Versuch blieb leider ohne jeglichen Erfolg. Meinen offenherzigen Heiratsantrag auf diplomatischen Kanälen nach Wien zu befördern verlief im Sande. Meine Hochzeitspläne erreichten angeblich den Wiener Hof nicht, oder wurden ignoriert. Grumbkow, Seckendorff sowie leider auch Prinz Eugen betrachteten diese Gedanken als aussichtslos. Fünf Jahre später heiratete Maria Theresia einen anderen: Franz Stephan von Lothringen. Er musste wegen dieser Hochzeit auf sein Herzogtum Lothringen zugunsten des Polen Stanislaus I. Leszynski verzichten. Sein kaiserlicher Schwiegervater Karl VI. soll gesagt haben: „Keine Abtretung, keine Erzherzogin!“ Doch schon ein Jahr später wurde er mit dem Großherzogtum der Toskana entschädigt.

Wäre mein Heiratsvorhaben gelungen, es hätte die Geschichte Europas nachhaltig beeinflusst. Doch auch die enttäuschten Liebenshoffnungen fanden ihren geschichtlichen Niederschlag. Die mir verwehrte Braut sollte meine große Gegenspielerin im Ringen um Schlesien werden. Als sie starb, da erklärte ich unumwunden: „Sie war in vielen Schlachten meine Gegnerin, aber nie meine Feindin“.

Freitag, 1. April 2011 *Vor 260 Jahren anno 1751* ward dies ein Donnerstag. An diesem Tag begab ich mich von Potsdam aus nach „Berlin zum kranken Grafen Rothenburg“. Mein Freund ***Friedrich Rudolf von Rothenburg*** ist sterbenskrank. Ich versuchte ihm zu helfen, aber um seine Gesundheit ist es schlecht bestellt.

Sonnabend, 2. April 2011 *Vor 248 Jahren anno 1763* ward dies gleichsam ein Sonnabend. Ich befand mich in Berlin und schreibe an meinen ehemaligen Sekretär und Freund ***Claude Etienne Darget***, der mir kürzlich zum Friedensschluss im Siebenjährigen Krieg gratuliert hatte. Ich scheibe Darget, der in Paris lebt: „Ich danke Ihnen für Ihre Theilnahme an dem endlich einmal geschlossenen Frieden. In Ihren Wünschen bei dieser Gelegenheit finde ich die Sprache des Herzens, und Sie können überzeugt sein, daß ich davon gerührt bin."

Sonntag, 3. April 2011 *Vor 235 Jahren anno 1776* ward dies ein Mittwoch und ich ließ heute in Berlin den Grundstein zum neuen **„Cadettenhause"** in der neuen Friedrichstraße legen. Diese Grundsteinlegung erfolgte ausdrücklich in meinem Namen durch meinen Generalmajor ***Hans Jobst Heinrich Wilhelm von Buddenbrock*** und den Obersten von Enckevort, da ich unpässlich in Potsdam weilte.

Montag, 4. April 2011 *Vor 265 Jahren anno 1746* ward dies gleichsam ein Montag. Von Potsdam aus kommend hielt ich mich heute in **Spandau** auf.

Dienstag, 5. April 2011 *Vor 264 Jahren anno 1747* war dieser Tag ein Mittwoch. Am letzten Wochenende ward Ostern, nun residierte ich in Berlin.

Mittwoch, 6. April 2011 *Vor 264 Jahren anno 1747* ward dies ein Donnerstag und ich befand mich in Berlin. Wir feierten heute den Geburtstag meiner Mutter ***Sophie Dorothea*** nachträglich. Es kam zur Aufführung das Stück „Feste galante".

Donnerstag, 7. April 2011 *Vor 264 anno 1747* ward dies ein Freitag. Ich ging in Berlin meinen königlichen Regierungsgeschäften nach und begab mich nach Schloss **Charlottenburg**. Noch heute ritt ich von dort weiter nach Potsdam.

Freitag, 8. April 2011 *Vor 265 Jahren anno 1746* ward dies gleichsam ein Freitag. Heute legte mein jüngster Bruder ***Ferdinand*** in Berlin sein Glaubensbekenntnis ab.

Sonntag, 9. April 2011 *Vor 245 Jahren anno 1766* ward dies ein Mittwoch. Betrug und Unterschlagung von Steuern hatten sich derart ausgebreitet, dass ich diese Defraudationen „Allerhöchst" durch ein neues Steuersystem zu bekämpfen gedachte. Eine **Steuerreform** sollte die Verwerfungen beheben. Zur Erhebung und Verwaltung sämtlicher indirekter Steuern und Zölle übertrug ich heute diesen Teil der staatlichen Bürokratie an französische Steuereintreiber. Ich gebe folgende „Kabinetsordre" an das „General-Ober-Finanz-Directorium" in Berlin: „Wir sind in Rücksicht, daß die Sachen, anlangend die Akzise, bis dato so schlecht und unordentlich gewesen zu Coupirung der dabei vorgefallenen Defraudationen Allerhöchst bewogen worden Fermiers aus Frankreich kommen zu lassen; so die Administration derselben übernehmen, und soll die Administration gedachter Fermiers vom 1. Juni a.c. Angehen, und die dieserhalb zu bestallenden neuen Bedienten im nächstkommenden Monat Mai sogleich in Aktivität gesetzt werden; auch sollt Ihr vom 1. Juni a.c. An nichts weiter mit den Accises und Douanes zu thun haben, dargestalt, daß die Summen, so dies Jahr von den Akzisen zur General-Kriegskasse fließen, durch benannte Administration an die General-Kriegskasse gezahlt und die Summen von den Zöllen an die Kassen wohin sie gehören und sonst bezahlt worden sind, gleichergestalt in den gewöhnlichen Terminen berichtigt und abgeführt, und daß diejenigen Summen von Zöllen, welche wir á parte erhoben und eingezogen haben, auch hinfüro direct berechnet und eingesandt werden sollen. Daher wir Euch hierdurch solches zur Nachricht und ganz ohnsehlbaren genauesten Achtung bekannt machen." Die sogenannte **französische Regie** bewährte sich aber leider nicht. Die in sie gesetzten Hoffnungen auf

Steigerung der Staatseinnahmen erfüllten sich nur bedingt, aber die französischen Steuerbeamten bereicherten sich und galten als sehr unbeliebt bei meinen preußischen Untertanen.

Sonntag, 10. April 2011 *Vor 265 Jahren anno 1746* ward dies gleichsam ein Sonntag. Heute wurde **Ostern** gefeiert, aber ich bin nicht in Berlin. In Berlin findet heutigen Tages die **Konfirmation** meines 15-jährigen Bruders Prinz ***Ferdinand*** statt.

Montag, 11. April 2011 *Vor 280 Jahren anno 1731* ward dies ein Mittwoch. An diesem Tag versuchte ich den Heiratsplänen meines Vaters eine neue Wendung zu geben und machte der österreichischen Prinzessin ***Maria Theresia*** einen **Heiratsantrag**, der von Berlin aus sich seinen Weg nach Wien bahnte, aber leider vergeblich.

Dienstag, 12. April 2011 *Vor 265 Jahren anno 1746* ward dies gleichsam ein Dienstag. Ich weilte heute in **Charlottenburg** für zwei Tage.

Mittwoch, 13. April 2011 *Vor 265 Jahren anno 1746* ward dieser Tag gleichsam ein Mittwoch. Ich nahm für zwei Tage in Berlin Quartier. Leider hatte ich während meines Aufenthalts eine schmerzhafte Entzündung am Bein. Bei meinem morgigen Weggang nach Potsdam behinderte der **Abszess am Bein** mich sehr.

Donnerstag, 14. April 2011 *Vor 265 Jahren anno 1746* ward dies gleichsam ein Donnerstag. Ich weilte an diesem Tage in Berlin. Es ist der Todestag von ***Ernst Ferdinand von Braunschweig-Bevern***. Ihm war Schloss Bevern als Apanage zugesprochen worden, nachdem er auf die Regentschaft als Herzog von Braunschweig-Wolfenbüttel verzichtet hatte. Unter meinem Großvater Friedrich I. diente er als Generalmajor. Als mein Vater die Königswürde übernahm, quittierte Ernst Ferdinand den Soldatendienst. Doch sein ältester Sohn August Wilhelm wurde einer meiner tapfersten Soldaten. Ernst Ferdinand starb an diesem denkwürdigen Tag in Braunschweig im Alter von 64 Jahren.

Freitag, 15. April 2011 *Vor 260 Jahren anno 1751* ward dies ein Donnerstag. Ich befand mich seit Donnerstag von Potsdam aus kommend in Berlin. Hier besah ich gestern die Regimenter im Tiergarten und am Abend gab es auf dem Schlosstheater „l'Avare" zu bestaunen. Heute besuchte ich meinen kranken Freund ***Friedrich Rudolf von Rothenburg***.

Sonnabend, 16. April 2011 *Vor 270 Jahren anno 1741* ward dies ein Sonntag und es fand heute ein **Te Deum im Dom in Berlin** wegen des Sieges von Mollwitz statt. Ich bin ortsabwesend, bei meinen Truppen in Ohlau.

Sonntag, 17. April 2011 Heute ist Palmsonntag. *Vor 263 Jahren anno 1748* ward dies ein Mittwoch. Ich ging in Berlin meinen königlichen Staatsgeschäften nach und empfing heute den schwedischen Gesandten ***Graf Bark***, der im russischen Petersbug residierte. Außerdem besuchte ich den erkrankten Minister ***Heinrich von Podewils***.

Montag, 18. April 2011 *Vor 257 Jahren anno 1754* ward dies ein Donnerstag, an dem ich in Berlin den kranken Grafen ***Hans Christoph Friedrich von Hacke*** besuchte. Bis morgen verweilte ich in Berlin.

Dienstag, 19. April 2011 *Vor 260 Jahren anno 1751* ward dies ein Montag. Von Potsdam begab ich mich für einige Tage nach Berlin, um meinem kranken Freund ***Friedrich Rudolf von Rothenburg*** nahe zu sein.

Mittwoch, 20. April 2011 *Vor 265 Jahren anno 1746* ward dies gleichsam ein Mittwoch. Ich ging für zwei Tage in

Berlin meinen Regierungsgeschäften nach und gewährte heute dem holländischen Gesandten ***van Ginkel*** eine Audienz. Er kam vor fünf Tagen in Berlin an und wird mich schon bald in Potsdam besuchen.

Donnerstag, 21. April 2011 Heute ist Gründonnerstag. *Vor 255 Jahren anno 1756* ward dies ein Mittwoch. Von Berlin aus hatte ich mich **nach Spandau** begeben, wo ich heute Station machte, um hernach weiterzureiten nach Potsdam.

Freitag, 22. April 2011 Heute ist Karfreitag. *Vor 235 Jahren anno 1776* ward dies ein Montag und es erfolgte an diesem Tag in Berlin die **Einweihung** meines neu erbauten **Französischen Schauspielhauses**, mit dem Trauerspiele „L'olieucte von Corneille", und der Oper "La servante maitresse".

Sonnabend, 23. April 2011 *Vor 268 Jahren anno 1743* ward dies ein Dienstag. Ich hielt mich seit gestern in Berlin auf.

Sonntag, 24. April 2011 Heute ist Ostersonntag. Vor *268 Jahren anno 1743* ward dieser Tag ein Mittwoch. Ich ritt von Berlin nach **Charlottenburg** und werde hernach mich nach Potsdam begeben.

Montag, 25. April 2011 Heute ist Ostermontag. *Vor 240 Jahren anno 1771* ward dies ein Donnerstag. Heute kamen meine Neffen, der König ***Gustav III. von Schweden*** und sein Bruder mit großem Gefolge in Berlin an, nachdem sie sich gestern mein Schloss Sanssouci angeschaut hatten.

Dienstag, 26. April 2011 *Vor 240 Jahren anno 1771* ward dies ein Freitag. Ich tafelte heute üppig zu Berlin, wo bei mir die „große Tafel und Cour" stattfand, welche zu Ehren meiner Staatsgäste, des Königs von Schweden und dessen Bruder veranstaltet wurde. Sämtliche Prinzen des königlichen Hauses wohnten dem Großereignis bei. Ich besuchte gleichsam meine Schwester ***Amalie*** und inspizierte das **Zeughaus**. Mittags hatte die **große Tafel** stattgefunden. Nachmittags besah ich das **Regiment Gensdarmes** zu Pferde und das **Husarenregiment von Zieten** zu Fuß. Mein königlicher Neffe, ***Gustav III. von Schweden***, besuchte das **Kadettenhaus** und die **Ritterakademie**.

Mittwoch, 27. April 2011 *Vor 235 Jahren anno 1776* ward dies ein Sonnabend. Ich kam von **Charlottenburg** und hielt „im **Thiergarten** bei Berlin über die daselbst aufgestellten Infanterie-Regimenter bei der Garnison Special-Revue" und besuche „alsdann in der Stadt die Prinzessin ***Amalie*** in ihrem Palais in der Wilhelmstraße", und gehe nach Charlottenburg zurück.

Donnerstag, 28. April 2011 *Vor 240 Jahren anno 1771* ward dies ein Sonntag. Heute residierte ich in Berlin und hatte teil an „**Manövre** vor dem Halleschen Thore", dem auch der König ***Gustav III. von Schweden*** und sein Bruder beiwohnten. Am Abend erfolgte die „Cour und **Tafel bei der Königin**, wo von dem goldenen Service gespeist" wurde.

Freitag, 29. April 2011 *Vor 240 Jahren anno 1771* ward dies ein Montag, an dem ich mich nochmals in Berlin um meine schwedischen Staatsgäste kümmerte. Der ***König Gustav III. von Schweden*** und sein Bruder wurden heute von mir freundschaftlich verabschiedet. Mein königlicher Neffe trat alsdann samt seinem Gefolge über **Rheinsberg** die Heimreise nach Schweden an und ich begab mich sogleich nach Potsdam.

Sonnabend, 30. April 2011 *Vor 230 Jahren anno 1781* ward dies ein Montag. Der Seehandel und die **Schifffahrt** waren wegen des Krieges in Amerika beeinträchtigt. Deshalb erließ ich „die Verordnung wegen der Schifffahrt und des Seehandels während des jetzigen (Nordamerikanischen Befreiungs-) Krieges". Heute kam diese meine Verordnung zur Verkündigung.

Der Mai
- lateinisch Majus oder altdeutsch Weidemonat

Der römische Wachstumsbringer Majus soll diesem Monat den Namen gegeben haben. Doch auch die Frühlingsgöttin Maja, die Mutter des Götterboten Merkur stand möglicherweise Pate bei der Namensgebung. Der „Maius“ galt vielen als der „Wonnemonat“. Karl der Große führte diese Bezeichnung ein, damals noch „wunnimanot“ genannt, was Weidemonat bedeutete, da in diesem Monat das Vieh aus den Ställen auf die Weiden getrieben wurde. Gleichsam erhielt der Mai auch die Bezeichnung Blühmond oder Blühmonat. Die schöne Jahreszeit, das Aufblühen von Wiesen und Feldern wurde seit dem 13. Jahrhundert überall bei Mai-Anbruch mit Festen, Riten und Umzügen sowie dem Aufstellen von geschmückten Bäumen, Büschen und Kränzen begangen.

Wenn nicht gar schon Ende April, so doch Anfang Mai besuchte ich Berlin. Ich ging um den 18. Tag des Monats dann erneut über Spandau nach Charlottenburg und anschließend nach Berlin, wo ich bis zum 23. Mai die Revue passieren ließ. Zuvor, meistens um den 16. bis 17. Mai herum, wurde in Potsdam „Revue“ gehalten. Erst nach den Berliner Manövern reiste ich in meine Provinzen, um dort Inspektionen über meine Truppen zu halten.

Samuel Graf von Schmettau

Mai-Geschichte:

Berlin, 17. Mai anno 1741 vor 270 Jahren:

Feldmarschall Samuel Schmettau wechselt die Fronten

Von Wien aus kommend erreichte Generalfeldmarschall Samuel Graf von Schmettau die preußische Residenzstadt Berlin. Bis dato stand er in österreichischem Sold. Er hegte den starken Wunsch, in preußische Dienste überzutreten. Ich war um diese Zeit in Mollwitz in meinem schlesischen Hauptquartier. Graf Schmettau begab sich Ende Mai zu mir ins Feldlager und nahm im Juni von mir die Beförderung zum Feldmarschall entgegen. Einst kämpfte Schmettau als kaiserlich-österreichischer General gegen die Türken und ward Gouverneur von Temesvar. Obwohl er noch am 19. März 1741 zum kaiserlichen Feldmarschall ernannt wurde, führten gewisse Unstimmigkeiten über das Kommando des österreichischen Feldheeres zu seiner nachhaltigen Verärgerung. Daraufhin wuchs in ihm der Gedanke, in preußische Dienste treten zu wollen. Über seine Schwester erreichte mich ein entsprechendes Begehren. Ich antwortete, er möge in Wien ein Urlaubsgesuch einreichen und sich zu mir auf den Weg machen. Mit 10.000 Talern Jahresgehalt wird er in preußische Dienste übernommen. Im Spätsommer werde ich ihn als meinen bevollmächtigten Minister nach München entsenden, an den Hof des Kurfürsten Karl Albrecht von Bayern. Schmettau kannte den Kurfürsten Karl Albrecht aus der Zeit, wo sie anno 1717 gemeinsam bei Belgrad den Sieg von Prinz Eugen erlebten. Schmettau erhielt von mir die hohe Aufgabe, die Reichsfürsten gegen Österreich zu vereinen, verbunden mit dem Ziel, den Kurfürsten Karl Albrecht von Bayern möglichst bald zum neuen Kaiser zu wählen. Das Vorhaben gelang fürs Erste. Schon im Dezember wird Karl Albrecht zum König von Böhmen gekrönt und im Januar nächsten Jahres wird der Bayer tatsächlich in Frankfurt zum Kaiser des Heiligen Römischen Reiches deutscher Nation gewählt. Aber leider wird er schwächeln und zu früh versterben. Somit kommt dann der Mann von Maria Theresia und hernach ihr Sohn wieder zum Zuge.

Große Verdienste erwarb sich Samuel von Schmettau um meine königliche Akademie. Mit viel Energie reformierte er als Kurator die Berliner Akademie. Seine Anregungen und Reformpläne nahm ich immer gerne an. Er sorgte dafür, dass in der Akademie eine philosophische Klasse eingerichtet wurde und damit die Berliner Aufklärung an Bedeutung wuchs. Gleichsam war Schmettau „Preußens bedeutendster Kartograf, der den ersten guten Plan von Berlin“ erstellte. Noch im Jahr seines Todes anno 1751 schuf Schmettau eine Karte von Ostfriesland. Diese Pläne händigte mir sein Bruder aus. Der Witwe werde ich unter die Arme greifen, damit sie nicht in finanzielle Not gerät. Ich schrieb ihr: „Ich teile herzlich Euren Schmerz. Ich verliere einen verdienstvollen Offizier, dessen Talente und Qualitäten Meine Hochachtung und Mein Wohlwollen verdient haben. Ihr könnt darauf rechnen, daß Ich für Euch und Eure Familie sorgen werde, indem Ich Euch eine Pension von 2000 Talern jährlich einräume, dafür Ihr Euren Kindern eine gute Erziehung geben könnt. Sie wird Euch von der Domänen-Hauptkasse gezahlt werden.“

Sonntag, 1. Mai 2011 Heute ist Maifeiertag. *Vor 260 anno 1751* Jahren ward dies ein Sonnabend. Heute widmete ich mich in Berlin meinen militärischen Pflichten. Ich begab mich „zur **Revue** der Gensdarmes und Zietenhusaren bei **Tempelhof**". Gleichsam kam heute meine Schwester ***Sophie Dorothee Marie*** zu Besuch. Sie ist die Markgräfin von Schwedt und wird den ganzen Monat über in Berlin bleiben. Ich schätzte sie sehr und war der Auffassung, sie habe „das beste Herz von der Welt und viel gesunden Verstand". Mein Vater hatte sie anno 1734 mit ihrem Onkel, dem Markgrafen Friedrich Wilhelm von Brandenburg-Schwedt, verheiratet.

Montag, 2. Mai 2011 *Vor 260 Jahren anno 1751* ward dies ein Sonntag. Ich weilte in Berlin und bin auf „Besuch bei dem an den Pocken erkrankten Prinzen Friedrich Wilhelm (II.)". Anschließend begebe ich mich nach Potsdam.

Dienstag, 3. Mai 2011 *Vor 230 Jahren anno 1781* ward dies ein Donnerstag. Ich ging heute von **Charlottenburg** aus nach dem Berliner Tiergarten, wo ich „Specialrevue" über meine Regimenter hielt. Hernach begab ich mich nach Potsdam.

Mittwoch, 4. Mai 2011 *Vor 265 Jahren anno 1746* ward dieser Tag gleichsam ein Mittwoch. Heute nahm ich für zwei Tage meine königlichen Amtsgeschäfte **in Berlin** wahr.

Donnerstag, 5. Mai 2011 *Vor 245 Jahren anno 1766* ward dies ein Montag. Ganz in der Frühe machte ich mich von Potsdam „direct nach der Gegend von **Tempelhof** bei Berlin" auf, um „daselbst über einige Regimenter Specialrevue" zu halten. Alsdann begab ich mich nach dem Stadtschloss hin, wo die große „Cour" stattfand. Bei dieser Gelegenheit wurden mir im **Berliner Stadtschloss** der Französische General ***Louis Gabriel Marquis de Conflans*** und der Venezianische Marchese Murazzo vorgestellt. Am Nachmittag besuchte ich in Begleitung der Generale ***Anton von Krockow*** und ***Friedrich Ehrenteich von Ramin*** den kranken Gouverneur von Berlin, General ***Johann Dietrich von Hülsen***. Hernach besah ich den Bau der Kaserne und anderer Häuser und kehrte im Anschluss daran zum Schloss zurück.

Freitag, 6. Mai 2011 *Vor 265 Jahren anno 1746* ward dieser Tag gleichsam ein Freitag. Heute begab ich mich über Spandau nach Berlin. Das **Rhinozeros**, welches Ende April nach Potsdam gekommen war, wurde nun wieder in Berlin zur Schau gestellt.

Sonnabend 7. Mai 2011 *Vor 237 Jahren anno 1774* ward dies ein Sonnabend. Ich hielt im Tiergarten bei Berlin Revue über meine Soldaten. Hernach begebe ich mich nach Potsdam.

Sonntag, 8. Mai 2011 Heute ist Muttertag. *Vor 255 Jahren anno 1756* ward dies ein Sonnabend. Heute ward ich von Potsdam aus kommend in Berlin. Mit dem gesamten königlichen Hause fanden wir uns bei meiner Mutter ***Sophie Dorothea*** in ihrem Lustschloss **Monbijou** ein. Weiterhin besichtigte ich das Invalidenhaus und mit Generalleutnant ***Dietrich Richard von Meyerinck*** einen Platz vor dem **Bernauer Tor**, auf welchem die diesjährige große Revue gehalten werden soll. Hernach begab ich mich über **Charlottenburg** nach Potsdam. Außerdem kam heute in der Nacht der englische Gesandte Lord ***Andrew Mitchell*** an. Er reiste anschließend nach Potsdam weiter, wo er in meiner Abgeschiedenheit als mein Gast bis Mittwoch verharrte.

Montag, 9. Mai 2011 Heute ist Europa-Tag. *Vor 265 Jahren anno 1746* ward dies gleichsam ein Montag. Meine Mutter ***Sophie Dorothea*** zog heute vom Berliner Stadtschloss in ihr Lustschloss nach **Monbijou**.

Dienstag, 10. Mai 2011 *Vor 265 Jahren anno 1746* ward dies gleichsam ein Dienstag. Meine Frau ***Elisabeth Christine*** begab sich heute nach Charlottenburg. Ich habe heute ein „Reglement für die Akademie“ Berlin erlassen.

Mittwoch, 11. Mai 2011 *Vor 257 Jahren anno 1754* ward dies ein Sonnabend. Ich besuchte heute in Berlin den erkrankten General ***Hans Christoph Friedrich von Hacke***. Anschließend ritt ich nach **Charlottenburg**.

Donnerstag, 12. Mai 2011 *Vor 275 Jahren anno 1736* ward dies ein Sonnabend. Mein **Regiment** marschierte heute von Küstrin aus in Berlin ein. Bis Ende Mai soll es mit mir in Berlin zu militärischen Übungen und Vorführungen verweilen. Denn es wird hoher Besuch in Berlin erwartet. In Preußens Residenzhauptstadt trifft in wenigen Tagen als Staatsgast König ***Stanislaus von Polen*** ein und da soll auch ich meine militärischen Fähigkeiten beweisen.

Freitag, 13. Mai 2011 *Vor 257 Jahren anno 1754* ward dieser Tag ein Montag, an dem ich in **Charlottenburg** weilte.

Sonnabend, 14. Mai 2011 *Vor 235 Jahren anno 1776* ward dies ein Dienstag. Es starb in Berlin der General-Lieutenant ***Ludwig Wilhelm von Schorlemmer***, 78 Jahre alt. Einstmals ward er anno 1699 im Hessischen geboren. Er gehörte zu meinen tapferen Dragoneroffizieren.

Sonntag, 15. Mai 2011 *Vor 256 Jahren anno 1755* ward dieser Tag ein Donnerstag. Ich befand mich **in Spandau** und ging hernach wieder zurück nach Berlin.

Montag, 16. Mai 2011 *Vor 275 Jahren anno 1736* ward dies ein Mittwoch. Heute traf der polnische **König *Stanislaus I.*** in Berlin ein. Er blieb bis zum 21. Mai in Berlin. Ich bereitete mich an diesem Tage in Berlin auf die morgige Generalrevue vor, wo ich vor dem polnischen Gast meine soldatischen Künste zu beweisen hatte.

Dienstag, 17. Mai 2011 *Vor 270 Jahren anno 1741* ward dies ein Mittwoch. In Berlin kam an diesem Tag aus Wien der Generalfeldmarschall ***Samuel Graf von Schmettau*** an. Er wechselt aus kaiserlich-österreichischen Diensten in königlich-preußischen Dienst.

Mittwoch, 18. Mai 2011 *Vor 225 Jahren anno 1786* ward diese ein Donnerstag. An diesem Tag wurde in Berlin die erste akademische **Kunstausstellung** eröffnet. Diese erste Kunstausstellung fand „Unter den Linden“ statt, in dem oberen Stockwerk des alten Marstalls, wo sich damals meine königliche Akademie befand. Bis zum 3. Juni dauerte sie an. Leider konnte ich mir diese Ausstellung nicht ansehen, da ich sterbenskrank in Potsdam Sanssouci verharren musste.

Donnerstag, 19. Mai 2011 *Vor 275 Jahren anno 1736* ward dies ein Sonnabend. Ich durfte Hofhalten in meinem **Kronprinzenpalais** „Unter den Linden“ zu Berlin. Heute war bei mir zu Gast der polnische **König Stanislaus I.**. Er weilte seit drei Tagen auf Staatsbesuch in Berlin.

Freitag, 20. Mai 2011 *Vor 245 Jahren anno 1766* ward dies ein Dienstag. Ich hielt heute in Berlin Spezial-Revue über ein aus Mecklenburg ankommendes Bataillon Zieten-Husaren und über einige andere Truppen. Nachher ging die Truppenschau weiter vor dem **Bernauer Tore** über verschiedene andere Regimenter. Alsdann begab ich mich ins **Stadtschloss**, wo mir bei der dort erfolgenden „Cour“ der russische Minister ***Caspar von Saldern*** und weitere Besucher vorgestellt wurden. Heute starb 41-jährig die Schwester meiner Frau, meine Schwägerin ***Christine Charlotte Louise von Braunschweig-Wolfenbüttel***, „Canonissin von Quedlinburg.“

Sonnabend, 21. Mai 2011 *Vor 245 Jahren anno 1766* ward dies ein Mittwoch. Ich hielt heute in Berlin General-Revue vor dem **Halleschen Tor**.

Sonntag, 22. Mai 2011 *Vor 260 Jahren anno 1751* ward dies ein Sonnabend. Heute fand unter meiner Aufsicht in Berlin die „Generalrevue" statt. Feldmarschall ***Kurd Christoph von Schwerin*** kam ebenfalls zur Revue nach Berlin. Er wird erst Ende des Monats wieder nach Frankfurt an der Oder zurückgehen. Ich schickte heute meinen Leibarzt ***Christian Andreas Cothenius*** zu meiner Schwester ***Wilhelmine***. Der Chronist vermerkte: „Cothenius reist nach Bayreuth zur kranken Markgräfin." Ich hoffte sehr, er vermöge sie kurieren zu können.

Montag, 23. Mai 2011 *Vor 240 Jahren anno 1771* ward dies ein Donnerstag. Von Berlin aus ritt ich heute **nach Charlottenburg**. Zuvor besuchte ich meine Schwester, Prinzessin ***Amalie***, in ihrem Palais „Unter den Linden".

Dienstag, 24. Mai 2011 *Vor 260 Jahren anno 1751* ward dies ein Montag. Es war ein Manövertag in Berlin, wo ich bei meinen Soldaten weilte.

Mittwoch, 25. Mai 2011 *Vor 240 Jahren anno 1771* ward dies ein Sonnabend und ich ritt noch selbigen Tages von **Charlottenburg** aus in meine Festungs- und Garnisonsstadt „Cüstrin".

Donnerstag, 26. Mai 2011 *Vor 260 Jahren anno 1751* ward dies ein Mittwoch. Ich nahm in Berlin wie schon am Montag am „**Manöver**" meiner Soldaten teil.

Freitag, 27. Mai 2011 *Vor 255 Jahren anno 1756* ward dies ein Donnerstag. Von Potsdam aus kommend begab ich mich für fünf Tage nach Berlin, wo heute die „**Generalrevue**" stattfand. Der Chronist vermerkte unter dem heutigen Tag: „Winterfeld wird Generalleutnant und erhält das Hakesche Regiment; der Erbprinz von Kassel wird Generalleutnant, erhält das Gouvernement in Wesel und das Salmuthsche Regiment".

Sonnabend, 28. Mai 2011 *Vor 275 Jahren anno 1736* ward dies ein Montag. Heute, wie die meiste Zeit dieses Monats, verbrachte ich in Berlin. Vielfach bemühte ich mich, meinem Vater Friedrich Wilhelm I. und seinen Besuchern, meine militärischen Fähigkeiten vorzuführen.

Sonntag, 29. Mai 2011 *Vor 275 Jahren anno 1736* ward dies ein Dienstag, an dem ich in Berlin weilte. Heute traf ich letzte Vorbereitungen zur morgigen Heerschau. Denn für morgen war in Berlin die **General-Revue** angesagt, auf der auch ich meine Soldatenfähigkeiten unter Beweis zu stellen hatte.

Montag, 30. Mai 2011 *Vor 255 Jahren anno 1756* ward dies ein Sonntag. Ich befand mich in Berlin und inspizierte in den letzten Tagen meine Truppen. Morgen sind die Minister bei mir zur Berichterstattung einbestellt.

Dienstag, 31. Mai 2011 *Vor 255 Jahren anno 1756* ward dies ein Montag. **In Berlin** nahm ich heute an Manövern teil, werde aber schon am Abend nach Potsdam zurückkehren, wo ich die **Minister-Revue** abhalten werde.

Der Juni
- lateinisch Junius und altdeutsch Rosenmonat

Der Juni – auch Juno genannt - ist der römischen Göttin Juno geweiht, der Gattin des Göttervaters Jupiter. Die Göttin Juno galt als Göttin der Ehe, der Frauen und der Kindsgeburt. So wurde er auch Kindsbettmonat genannt. Juno wurde mit Jupiter und Minerva im römischen Altertum als Staatsheilige im Capitol verehrt. Sie galt gleichsam als Beschützerin von Stadt und Land. Aufgrund der Mahnungen, die sie aussprach, gaben ihr die Römer den Beinamen Moneta. Im alten Kalender der Römer war der Junius der vierte Monat im Jahr. Doch Cäsar reformierte den Kalender und seitdem ist er der sechste Monat im Jahresreigen. Altdeutsch wurde er als Rosenmonat charakterisiert, weil um diese Zeit die Rosen in vollster Blüte stehen. Als Brachmonat bezeichneten die Bauern den Monat, weil gemäß der Dreifelderwirtschaft im Juni die Bepflanzung der Brache begann.

Spätestens bis Mitte Juni waren allenorts die Manöver beendet und es fanden überall Feste statt. Der Juni ist ein durch viele Feste geprägter Monat: Himmelfahrt, Pfingsten, Dreifaltigkeitssonntag und Fronleichnam. Es fanden im Juni aber nicht nur kirchliche Feste statt. Es wurden mit dem Sommeranfang im Juni auch in den Orangerien des Hofes Konzerte gegeben und der Kultursommer nahm seinen Lauf.

Ende Mai hörte das Etatjahr auf und am 1. Juni begann ein neues Rechnungsjahr. Deshalb hatten im Juni, in der Regel am 16. Juni alljährlich, die preußischen Staatsminister mir die geschlossenen Rechnungen vorzulegen und mir Rechenschaft über alle Ein- und Ausgaben des verflossenen Jahres abzugeben. Gleichsam waren die neuen Etats vorzulegen. Die Minister mussten dabei sehr bemüht sein, kein Minus in ihren Etats zu haben. Die übrig gebliebenen Gelder wurden zur Urbarmachung wüster Gegenden, der Erbauung neuer Häuser und der Verschönerung der Städte angelegt, oder für Städte ausgegeben, die unter Feuerschaden gelitten hatten. Ebenso wurde festgelegt, was an Rücklagen im Tresor gebildet wurde und welche Summe in meine königliche Schatulle fließen sollte. Der Überrest wurde in den sogenannten kleinen Tresor gelegt, weil die Beträge, die im großen Tresor lagerten, etatmäßig erfasst waren. Bei meinem Tode wies der kleine Tresor ein Zinsen tragendes Guthaben von an die 20 Millionen auf.

Francois-Marie Arout, genannt Voltaire

Juni-Geschichte:

Berlin, 9. Juni anno 1746 vor 265 Jahren:

Voltaire wird Mitglied der Berliner Akademie

Für meinen Philosophenfreund Voltaire war dieser Tag ein ganz bedeutender Tag. Voltaire besaß seit Jahren gute Beziehungen zur königlichen Mätresse Madame Pompadour in Frankreich. Doch Ludwig XV. mochte ihn partout nicht und verhinderte vor drei Jahren persönlich seine Aufnahme in die „Académie Francaise“. Voltaire war darüber sehr enttäuscht und reiste zu mir nach Berlin. Nunmehro wird ihm die Ehre zuteil, die ihm in Paris drei Jahre zuvor verwehrt wurde. Heute wurde Voltaire zusammen mit Jean-Baptiste le Rond dé Alembert auf meinem Wunsch hin in meine königliche Akademie der Wissenschaften zu Berlin als auswärtiges Mitglied berufen. Die Pariser Akademie beeilte sich daraufhin, Voltaire gleichsam zu ihrem Mitglied zu ernennen.

Doch Voltaire sollte sich als undankbar erweisen. Es blieb mir nicht verborgen, dass Voltaire während seiner mehrfachen Anwesenheit an meinem Hofe regelmäßig geheime Berichte über mich und mein Staatswesen nach Paris schickte. Ich versuchte Voltaire von politischen Fragestellungen abzubringen und bat ihn, sich auf seine literarischen und philosophischen Fähigkeiten zu konzentrieren.

Aber immer wieder hat er dem französischen Außenminister Amelot de Chaillou und seinem Schulfreund, dem Kriegsminister Marc-Pierre d'Argenson, aus Preußens Residenz und von meinem Hofe berichtet. Außerdem ging er hier dubiosen Spekulationsgeschäften nach und stritt sich mit dem jüdischen Kaufmann Hirsch und meinem Akademiepräsidenten Maupertuis, auf den er beständig eifersüchtig war. Voltaire konnte es nicht leiden, wenn in meiner Umgebung andere Franzosen wichtige Aufgaben wahrnahmen. Er wollte tatsächlich der einzige französische Gelehrte sein, der an meinem Hof etwas galt. Seine Eifersüchteleien belasteten sehr das Zusammensein mit Voltaire. Als er mich eines Tages im Streit verließ, da ging er auf jeden Fall reicher, als er gekommen war und trotz allem pflegte ich zeitlebens die Korrespondenz mit ihm.

Nach seinem Tode anno 1778 ließ ich durch den Künstler Jean Antoine Houdon eine Büste von Voltaire anfertigen, die ich in meiner königlichen Akademie öffentlich ausstellte. Die Voltaire-Büste soll sich noch heute im Besitz der Berliner Akademie der Wissenschaften befinden.

Mittwoch, 1. Juni 2011 *Vor 275 Jahren anno 1736* ward dies ein Freitag. Ich ging in Berlin meinen Pflichten als Thronerbe nach und war mit Abmarschplänen meines Regiments beschäftigt. Heute marschierte ich nach **Spandau**. Dabei begleitete mich der Reichsgraf ***Ernst Christoph von Manteuffel***, wie der österreichische Gesandte Graf ***Seckendorff*** beobachtete.

Donnertag, 2. Juni 2011 Heute ist Christi Himmelfahrt. *Vor 271 Jahren anno 1740* ist dies gleichsam ein Donnerstag. Seit zwei Tagen ward ich König. Heute wurden in **Charlottenburg** die Minister vereidigt. Ich erklärte den Ministern, dass ich den „Vortheil" des Landes fördern möchte und es gelte, dem Vorteil des Landes „den Vorzug" vor meinem „eigenen besondern Vortheil" zu geben. Gleichsam ließ ich als eine der ersten Regierungshandlungen die Kornmagazine öffnen, damit wegen der allgemeinen „Theurung" das „Getraide zu wohlfeilen Preisen" verkauft werden konnte.

Freitag, 3. Juni 2011 *Vor 271 Jahren anno 1740* ward dies gleichsam ein Freitag. Ich verweilte in **Charlottenburg** und erließ heute als eine meiner ersten Regierungshandlungen am 3. Arbeitstag als König eine Kabinettsordre zur **Abschaffung der Folter**. Es gilt, die mittelalterliche „Tortur gänzlich abzuschaffen".

Sonnabend, 4. Juni 2011 *Vor 271 Jahren anno 1740* ward dies ein Sonnabend. Ich befand mich **in Charlottenburg**. Dieses Schloss bei Berlin hatte ich vor wenigen Tagen, gleich nach meinem Regierungsantritt, zu meinem Königsschloss erwählt. Von hier aus werde ich mich immerfort nach Berlin und Potsdam und in die anderen Provinzen meines kleinen Königreichs begeben.

Sonntag, 5. Juni 2011 Vor 255 Jahren anno 1756 ward dies ein Sonnabend. Heute kam ich von Potsdam in Berlin an.

Montag, 6. Juni 2011 *Vor 255 Jahren anno 1756* ward dieser Tag Pfingstsonntag. Ich befand mich in Berlin und reiste heute nach Stettin ab.

Dienstag, 7. Juni 2011 *Vor 271 Jahren anno 1740* ward dies gleichsam ein Dienstag. Ich nächtigte sehr kurz in **Charlottenburg**, breche noch vor Sonnenaufgang gegen 3 Uhr auf nach Ruppin.

Mittwoch, 8. Juni 2011 *Vor 276 Jahren anno 1735* ward dies gleichsam ein Mittwoch. Ich konnte in Berlin verweilen. Ich hatte Quartier genommen im **Kronprinzenpalais** „Unter den Linden".

Donnerstag, 9. Juni 2011 *Vor 276 anno 1735* ward dies gleichsam ein Donnerstag, an dem ich als Kronprinz in Berlin weile.

Freitag, 10. Juni 2011 *Vor 255 Jahren anno 1756* ward dies ein Donnerstag. Mittags kam ich aus Chorin in Berlin an. Am Abend war ich dann schon wieder in Potsdam.

Sonnabend, 11. Juni 2011 *Vor 268 Jahren anno 1743* ward dies ein Dienstag. Ich residierte seit ein paar Tagen im Schloss **Charlottenburg**.

Sonntag, 12. Juni 2011 Heute ist Pfingstsonntag. *Vor 245 Jahren anno 1766* ward dies ein Donnerstag, an dem in Berlin ein altgedienter Offizier im Alter von 80 Jahren starb: ***Gustav Bogislav von Münchow***, der einem uralten Adelsgeschlecht aus Hinterpommern entstammte. Anno 1745 ernannte ich ihn zum „General-Lieutenant" und zwei Jahre hernach machte ich ihn zum Gouverneur von Spandau. Ab 1752 erhielt er als Altersposten das Amt als Domdechant in Magdeburg und ward der Propst des dortigen Stifts zum Heiligen Sebastian und des Stifts des Heiligen Nikolaus.

Montag, 13. Juni 2011 Heute ist Pfingstmontag. Vor 226 anno 1785 ward dies gleichsam ein Montag. Es reiste heute aus Berlin der General-Lieutenant ***Marquis de Bouillé*** ab, um nach Paris zurückzukehren. Zuvor hatte er sich bei mir standesgemäß verabschiedet. Gleichsam hatte ich heute sämtlichen Minister befohlen, Berlin zu verlassen, um bei mir in Sanssouci zur Revue zu erscheinen.

Dienstag, 14. Juni 2011 Vor 271 Jahren anno 1740 ward dies gleichsam ein Dienstag. Ich weilte **in Charlottenburg** und schreibe meinem Freund ***Ulrich Friedrich von Suhm***. Er hatte vor 10 Jahren seinen Posten in Preußen durch meines Vaters Schuld verloren. Ich schrieb ihm heute nach Petersburg, er möge zu mir zurückkehren. Leider verstarb er in Warschau, ehe er Berlin erreichte. Ich schrieb an Suhm die Einladung: „In der Trauer, worin ich mich wegen des Todes meines Vaters befinde, würde es mir zum großen Trost gereichen, einen Freund um mich zu haben, den ich liebe und schätze. Suchen Sie doch den großen Algebraisten ***Euler*** zu bereden, daß er in meine Dienste trete, und bringen Sie ihn mit, wenn es irgend möglich ist; ich will ihm 1000 oder 1200 Thlr. Gehalt geben."

Mittwoch, 15. Juni 2011 *Vor 265 Jahren anno 1746* ward dies gleichsam ein Mittwoch. Von Potsdam aus erreichte ich heute Berlin. Hier speiste ich bei meiner Mutter in ihrem Schloß Monbijou und gab eine Abschiedsaudienz für ***Iwan Czernitscheff*** und eine Audienz für von ***Beckers***, der als kurbayrischer Gesandter akkreditiert wurde.

Donnerstag, 16. Juni 2011 *Vor 265 Jahren anno 1746* ward dies gleichsam ein Donnerstag. Ich begab mich heute von **Charlottenburg** nach Potsdam. Heute passierte das erste Schiff den von mir neu erbauten **Finowkanal**. Das Ereignis wurde in Berlin besonders beachtet, denn der Finowkanal verbindet die Havel zu Berlin mit der Oder. Er gilt heute als älteste künstlich errichtete Wasserstraße Deutschlands.

Freitag, 17. Juni 2011 *Vor 245 Jahren anno 1766* ward dies ein Dienstag. Ich empfing heute in **Charlottenburg**, den aus London zurückgekommenen englischen Gesandten ***Andreas Mitchel*** und erteilte dem Schwedischen Gesandten eine Abschiedsaudienz.

Sonnabend, 18. Juni 2011 *Vor 245 Jahren anno 1766* ward dies ein Mittwoch. Ich weilte einige Tage **in Charlottenburg**, werde aber noch heute von dort aus nach Potsdam reiten.

Sonntag, 19. Juni 2011 *Vor 276 Jahren anno 1735* ward dies gleichsam ein Sonntag. Ich residierte als Kronprinz in Berlin in meinem Palais „Unter den Linden".

Montag, 20. Juni 2011 *Vor 271 Jahren anno 1740* ward dies gleichsam ein Montag. Ich nehme in Berlin meine königlichen Amtspflichten wahr. Dazu gehörte die Inspektion meiner Soldaten, deshalb ließ ich heute von Charlottenburg aus kommend in Berlin die **Revue** passieren.

Dienstag, 21. Juni 2011 Heute ist Sommeranfang. *Vor 265 Jahren anno 1746* ward dies gleichsam ein Dienstag. Meine Schwester, die Markgräfin ***Sophie von Brandenburg-Schwedt***, war einige Zeit bei mir zu Besuch. Heute reiste sie aus Berlin wieder ab.

Mittwoch, 22. Juni 2011 *Vor 261 Jahren anno 1750* ward dies ein Sonnabend. Ich kam heute von meiner knapp dreiwöchigen Inspektions-Reise aus Ostpreußen zurück und erreichte von Nordosten über **Freienwalde** reitend meine Residenzstadt Berlin.

Donnerstag, 23. Juni 2011 Heute ist Fronleichnam. *Vor 271 Jahren anno 1740* ward dies ein Donnerstag. Ich hatte mich heute von Potsdam aus nach Berlin begeben, nachdem gestern mein Vater Friedrich Wilhelm I. feierlich in der Potsdamer Garnisonskirche beigesetzt wurde.

Freitag, 24. Juni 2011 *Vor 277 Jahren anno 1734* ward dies ein Donnerstag. Ich weilte in Berlin. Der Chronist vermerkte: „Enfin je pars jeudie qui vient et je quitte cette terre infortunée“.

Sonnabend, 25. Juni 2011 *Vor 277 Jahren anno 1734* ward dies ein Freitag. Ich befand mich seit einigen Tagen in Berlin und weilte in meinem Kronprinzenpalais „Unter den Linden“.

Sonntag, 26. Juni 2011 *Vor 265 Jahren anno 1746* ward dieser Tag gleichsam ein Sonntag. Von Potsdam aus ging ich heute für zwei Tage nach Berlin und weilte die folgenden zwei Tage zu Hoffesten in **Charlottenburg**.

Montag, 27. Juni 2011 Heute ist Siebenschläfer. *Vor 265 Jahren anno 1746* ward dies gleichsam ein Montag. Ich weilte in Berlin und zeitweise in **Charlottenburg**. Meine Königinmutter ***Sophie Dorothea*** begab sich heute nach Charlottenburg, wohin am morgigen Tage gleichsam meine Frau ***Elisabeth Christine*** und die Prinzessin ***Amalie*** folgten. Es fanden Konzerte und Tafelrunden statt. Während der Hoffeste brach in Charlottenburg ein Feuer aus, aber es konnte schnell gelöscht werden.

Dienstag, 28. Juni 2011 Vor 277 Jahren anno 1734 ward ich in Berlin.

Mittwoch, 29. Juni 2011 *Vor 265 Jahren anno 1746* ward dieser Tag gleichsam ein Mittwoch. Die letzten beiden Tage verbrachte ich **in Charlottenburg** zu Hoffesten. Noch vor Beendigung der Festivitäten werde ich nach Potsdam abreisen.

Donnerstag, 30. Juni 2011 *Vor 245 Jahren anno 1766* ward dies ein Montag. Ich kam von Charlottenburg nach Berlin, wo ich heute die **Porzellanfabrik** besah. Anschließend ging ich über Charlottenburg nach Potsdam.

Der Juli
- lateinisch Julius und altdeutsch Heumonat

Auf gut deutsch war es der Heumonat, wie Karl der Große ihn nannte, weil in diesem Monat das getrocknete Gras eingefahren wurde. Eine andere Bezeichnung lautete Bären- oder Honigmonat. Der „Honigmond" war vielfach der Monat nach der Hochzeit, wo die Flitterwochen stattfanden.

Der römische Feldherr Julius Caesar führte im Jahre 46 vor Christus einen neuen Kalender ein, genannt der julianische Kalender. Diese Reform wirkte bis in die heutige Zeit. Der Monat Juli wurde demzufolge nach Julius Cäsar bezeichnet. Vorher hieß er Quintilius oder Quintilis.

Ähnlich bezeichnete ich einen guten Freund. Quintus Icilius nannte ich meinen Freund Carl Gottlieb Guichard. Er war seit 1763 bis zu seinem Tode im Jahre 1775 einer meiner engsten Tischgenossen an meiner Tafelrunde. Viele Späße habe ich mit ihm getrieben. Doch er wusste meine Freundschaft durchaus zu nutzen. Einst ward er als armer Soldat zu mir gekommen, aber als ich 1765 meine Bank gründete, da nutzte er zum Ärgernis mancher Zeitgenossen die Gunst der Stunde, um entsprechend zu Wohlstand zu gelangen.

Es war der Monat der Ferienzeit und der Sommerfeste. Der Juli - auch Julei genannt - war zu meiner Zeit reichlich den Familienangelegenheiten gewidmet. Der Chronist stellte fest: Majestät empfingen „im Monat Juli Besuch von hohen Verwandten." Meine königlichen Geschwister oder Angehörige anderer Fürstenhäuser besuchten mich gerne in diesem Monat, nicht nur in Berlin, sondern oftmals in Potsdam, wo ich die meiste Sommerzeit verbrachte. Oftmals ging ich erst Ende Juli oder gar erst im August nach Berlin und Charlottenburg.

Zarewitsch Paul Petrowitsch

Juli-Geschichte:

Berlin, 21. Juli anno 1776 vor 235 Jahren:

Russlands Großfürst Paul in Berlin

Zarin Katharina hatte ihren Sohn zur Brautschau nach Berlin geschickt. Meinem General Robert Scipio von Lentulus gab ich den Befehl, dem Großfürsten bis Memel entgegenzureiten. Am heutigen Tag traf nun der Zarewitsch in meiner Residenzstadt Berlin ein. Tags zuvor besprach ich mit dem russischen Vizekanzler Woronzow die Details dieses wichtigen Staatsbesuchs. Letzte Kontrollmaßnahmen wurden am heutigen Sonntag getroffen. Am Vormittag besichtigte ich die zum festlichen Einzug des Zarewitsch errichteten und aus grünem Laub und Zweigen geflochtenen Ehrenpforten am Bernauer Tor, an der Königsbrücke und an der Langen Brücke, desgleichen die neu erbauten

Häuser in der Königsstraße. Am Abend um 7 Uhr war es dann so weit. Ich empfing mit der Königin und dem ganzen Hof auf dem Berliner Stadtschloss den in Begleitung meines Bruders Heinrich ankommenden Großfürsten Paul Petrowitsch von Russland. Der zukünftige Herrscher Russlands bekam einen triumphalen Einzug in die Stadt. Jubelnd empfing den Großfürsten allenthalben eine große Menge des Volkes. Das Militär und die Schützengilde paradierten, die Kaufmannschaft in starker Abordnung stand bereit. Alle Gewerke waren reichlich vertreten und die Bürgerhäuser waren festlich herausgeputzt. Ganz Berlin war tagelang in Festlaune.

Besondere Beachtung fanden die vielen Festkutschen der königlichen Familie und der Hofgesellschaft. Die letzten fünfzig Jahre moderten die Festkutschen Friedrichs I. in den Remisen so dahin. Aus Anlass des Besuchs von Großfürst Paul ließ ich die alten vergoldeten Prunkkarossen und alle Staatswagen meines Großvaters wieder herrichten. Für die Instandsetzung der goldenen Kutschen veranschlagte der Oberstallmeister Friedrich Albert von Schwerin eine Summe von ungefähr zehntausend Talern. Ich musste ihm mitteilen: „Ich weiß wohl, wie freigebig und prachtliebend Ew. Exellenz sind, aber ich selbst kann nur mit größter Sparsamkeit auskommen und meine Mittel erlauben mir daher nicht, Ihrem Beispiel zu folgen. Indessen gereicht es mir zugleich zu großer Beruhigung, zu wissen, wie geschickt Ew. Exzellenz sind, und ich bin daher überzeugt, Sie werden alle erforderlichen Reparaturen für sechstausend Thaler machen lassen. Das ist alles, was ich darauf verwenden kann. Also sechstausend Thaler und keinen Groschen mehr; aber ich bitte mir aus, daß alles aufs beste gemacht ist und kein Titelchen fehlt.“ Trotz des verkündeten Sparzwangs kam es zu einer großen Pompentfaltung.

Der Zarewitsch besuchte auch die Zivil- und Militärschule und die königliche Akademie „Unter den Linden“. Dort richteten Formey und Borelly sehr schöne Begrüßungsreden an den zukünftigen Herrscher Russlands.

Am dritten Besuchstag seines Eintreffens verlobte sich der russische Thronfolger Paul Petrowitsch mit der Prinzessin Sophie Dorothee von Württemberg. Die Verlobungsfeierlichkeiten zu Berlin erstreckten sich über mehrere Tage. Es kam wahrhaftig zu einer großen Prachtentfaltung. Im Frühjahr hatte mein Bruder Prinz Heinrich in meinem Namen die Verlobung zwischen dem Zarewitsch und der deutschen Prinzessin angeregt. Einstmals hatte ich die Hochzeit seiner Mutter Katharina vermittelt, auch sie ist von Geburt eine deutsche Prinzessin. Der Chronist schrieb über diesen Tag: „Auf dem Königl. Schlosse geschieht in Gegenwart des Königs, der Königin und des ganzen Hofes die feierliche Verlobung des Großfürsten mit der Prinzessin Sophie Dorothee Louise, Tochter des Herzogs Friedrich Eugen von Württemberg. Alsdann große Cour, beim König, Tafel, wo vom goldenen Service gespeist wird, Abends Ball paré."

Am sechsten Tag des Festprogramms fuhren der gesamte Hof und die fremden Herrschaften nach Charlottenburg und nach der Mittagstafel sodann nach Potsdam. Am Dienstag, 30. Juli, kehrte ich zusammen mit meinem russischen Staatsgast und sämtlichen Herrschaften von Potsdam nach Charlottenburg zurück. Hernach begaben wir uns zur Tafel nach Berlin. Am Abend wurde „mit der Königin und dem ganzen Hof bei dem Prinzen Heinrich zur Tafel und zum Concert" verweilt, in seinem prächtigen Palais „Unter den Linden". Der 16. Tag des Staatsbesuchs von Großfürst Paul war der letzte. Am Montag, 5. August verabschiedete ich ihn und alle in Berlin weilenden Festgäste.

Freitag, 1. Juli 2011 *Vor 255 Jahren anno 1756* ward dies ein Donnerstag. Ich weilte seit gestern in Berlin, begab mich aber noch heute nach Potsdam.

Sonnabend, 2. Juli 2011 *Vor 275 Jahren anno 1736* ward dies ein Montag. In Vorbereitung meiner Ostpreußen-Reise weilte ich in Berlin. Gleichsam hatte ich heute meinen Herrn Vater eingeladen, nach Rheinsberg zu kommen, sobald wir von der Ostreise zurückgekehrt sind. Mein Vater versprach mir daraufhin, meiner **Einladung nach Rheinsberg** Folge zu leisten. Der österreichische Gesandte Seckendorff vermerkte dies ausdrücklich in seinen Aufzeichnungen unter dem heutigen Tag.

Sonntag, 3. Juli 2011 *Vor 275 Jahren anno 1736* ward dies ein Dienstag. Ich ging in Berlin meinen Kronprinzenpflichten nach und werde morgen oder übermorgen von hier aus nach Preußen aufbrechen, wie damals noch **Ostpreußen** genannt wurde. Ich begleitete meinen Vater auf seiner Inspcktionsrcise in die östliche Provinz.

Montag, 4. Juli 2011 *Vor 275 Jahren anno 1736* ward dies ein Mittwoch. Ich verharrte in Berlin und morgen begann die Dienstreise mit meinem Vater in den östlichsten Landesteil.

Dienstag, 5. Juli 2011 *Vor 275 Jahren anno 1736* ward dies ein Donnerstag. Von Berlin aus brach ich heute mit meinem Vater in Richtung Ostpreußen auf. Sechs Tage später erreichten wir Gumbinnen.

Mittwoch, 6. Juli 2011 *Vor 265 Jahren anno 1746* ward dies gleichsam ein Mittwoch. Heute reiste mein Akademiker ***Maupertuis*** von Berlin aus nach Paris. Erst im Februar hatte ich ihn zum Präsidenten meiner königlichen Akademie zu Berlin berufen.

Donnerstag, 7. Juli 2011 *Vor 271 Jahren anno 1740* ward dies gleichsam ein Donnerstag. Ich begab mich heute von Berlin aus mit großem Gefolge auf Reisen nach Ostpreußen.

Freitag, 8. Juli 2011 *Vor 272 Jahren anno 1739* ward dies ein Mittwoch. Ich verweilte in meinem Kronprinzenpalais „Unter den Linden" zu Berlin.

Sonnabend, 9. Juli 2011 *Vor 260 Jahren anno 1751* ward dies ein Freitag. Heute erkrankte in Berlin mein Freund ***Friedrich Rudolf von Rothenburg*** schwer. Vor einer Woche hatte ich ihn in Berlin noch besucht. Von Potsdam aus schickte ich dem Erkrankten meinen Leibmedikus ***Cothenius*** und auch den Arzt und gemeinsamen Freund ***Julien Offray de Lamettrie***.

Sonntag, 10. Juli 2011 *Vor 240 Jahren anno 1771* ward dies ein Mittwoch. Auf meinen Befehl hin wurde heute im Stadtschloss in Berlin „das Bildnis des verstorbenen Ministers von der Hagen im Sezessionszimmer des General-Directoriums" mit vieler Feierlichkeit aufgestellt. Der verstorbene Staatsminister ***Ludwig Philipp von Hagen*** war Begründer meiner preußischen Seehandlung und Domherr zu Magdeburg.

Montag, 11. Juli 2011 *Vor 245 Jahren anno 1766* ward dies ein Freitag. Meine Schwester Amalie verließ heute ihre bisherige Wohnung im Berliner Stadtschloss und bezog ihr neu erbautes **Amalien-Palais** „Unter den Linden" zu Berlin, da wo später die russische Botschaft entstand.

Ich hatte heute ein Edikt zur Aufhebung der Tabakspacht erlassen und gleichsam erging Selbiges zur „Errichtung einer königlichen **General-Tabaks-Administration**", verbunden einer „Garantie der Summen, welche die Inhaber der Tabaksaktien an die Pachtungs-Compagnie" zu zahlen hatten.

Dienstag 12. Juli 2011 *Vor 269 Jahren anno 1742* ward dies ein Donnerstag. Ich komme heute gegen Mittag von Frankfurt an der Oder aus nach Berlin.

Mittwoch, 13. Juli 2011 *Vor 269 Jahren anno 1742* ward dies ein Freitag. Ich begab mich am Nachmittag von Berlin nach **Charlottenburg**. In meiner Begleitung befanden sich mein Baumeister Knobelsdorff, Jordan und Keiserlingk.

Donnerstag, 14. Juli 2011 *Vor 225 Jahren anno 1786* ist dies ein Freitag. Ich konnte leider krankheitshalber nicht in Berlin weilen. Von Berlin reist heute der russische Gesandte ***Sergei Nicolajewitsch Fürst von Dolgoroucky*** ab, der nach Petersburg zurückkehrt. Tief gerührt hatte er sich vor drei Wochen bei mir in Potsdam verabschiedete.

Freitag, 15. Juli 2011 *Vor 275 Jahren anno 1736* ward dies ein Sonntag. Mein Freund Knobelsdorff soll nach meiner Thronbesteigung aus Berlin eine europäische Metropole machen. Deshalb schickte ich ihn dieser Tage nach Italien. Er wird Rom, Venedig und Florenz sehen und erst im Mai des folgenden Jahres zurückkehren. Auf der Rückreise besuchte er meine Schwester Wilhelmine in Erlangen und weilte im fränkischen Schloss Pommersfelden. Ich befand mich derzeit mit meinem Vater auf Reisen in Ostpreußen, aber konnte noch vor meiner Abreise die Italienfahrt von Knobelsdorff arrangieren.

Sonnabend, 16. Juli 2011 *Vor 267 Jahren anno 1744* ward dies ein Donnerstag. Ich befasste mich derzeit in Berlin mit den Vorbereitungen der Verheiratung meiner Schwester ***Ulrike*** mit dem schwedischen Thronerben ***Adolph Friedrich***.

Sonntag, 17. Juli 2011 *Vor 270 Jahren anno 1741* ist dieser Tag ein Montag. Heute war **Baubeginn** meiner königlichen **Oper**. Auf meine Veranlassung hin wurde an diesem Tage „der Platz zum Bau des Opernhauses abgesteckt".

Montag, 18. Juli 2011 Vor 235 Jahren anno 1776 ward dies ein Donnerstag. Heute machte sich der russische Gesandte

Fürst ***Dolgorucky*** von Berlin aus nach Potsdam zu mir auf den Weg. Es galt, die Verlobungsfeierlichkeiten und den Staatsbesuch des russischen Großfürsten ***Paul Petrowitsch*** vorzubereiten.

Dienstag, 19. Juli 2011 *Vor 240 Jahren anno 1771* ward dies ein Freitag. Der Präsident der Kriegs- und Domänenkammer zu Berlin, ***Johann Friedrich Domhardt***, wurde heute von mir in den Adelsstand erhoben.

Mittwoch, 20. Juli 2011 *Vor 235 Jahren anno 1776* ward dies ein Sonnabend. Jetzt begab ich mich von Potsdam nach Berlin. Ich ritt heute den Weg ganz zu Pferd, nicht wie sonst oftmals üblich mit meinem Leibkutscher. In Berlin angekommen besah ich „die Bauten in der Leipziger Straße und am Dönhoffschen Platz, so wie die neu angelegte Spittelbrücke."

Donnerstag, 21. Juli 2011 *Vor 235 Jahren anno 1776* ward dies ein Sonntag. Heute wartete ich in Berlin auf meinen Staatsgast. In Begleitung meines Bruders Prinz Heinrich traf heute der russische ***Großfürst Paul*** ein.

Freitag, 22. Juli 2011 *Vor 265 Jahren anno 1746* ward dieser Tag gleichsam ein Freitag. Ich habe bedeutsamen Besuch aus Russland. Der russische Vizekanzler Woronzow war bei mir in Potsdam und folgt mir heute nach Berlin, von wo er erst am Donnerstag nächster Woche abreisen wird.

Sonnabend, 23. Juli 2011 *Vor 235 Jahren anno 1776* ward dies ein Dienstag. Vormittags nahm ich in Berlin „die Wachtparaden wie gewöhnlich in Augenschein." Ansonsten widmete ich mich meinem russischen Staatsgast, dem Zarewitsch Paul, der sich heute in Berlin mit einer deutschen Prinzessin verloben wird.

Sonntag, 24. Juli 2011 *Vor 265 Jahren anno 1746* ward dieser Tag gleichsam ein Sonntag. Ich weilte in Potsdam, werde mich aber noch heute über Charlottenburg nach Berlin begeben.

Montag, 25. Juli 2011 *Vor 235 Jahren anno 1776* ward dies ein Donnerstag. In meiner Anwesenheit wurde heute in Berlin von meinem jüngster Bruder Prinz Ferdinand dem russischen Großfürsten ein besonderes Festprogramm geboten. Veranstaltet wurde „im Thiergarten, an dem Ufer der Spree, im Freien, zwischen Bellevue und den Zelten, ein Dejeuné [Frühstück], wobei sich der ganze Hof und die fremden Herrschaften befanden. Der Platz erhielt den Namen: Großfürstenplatz. Abends im Opernhause Redoute."

Dienstag, 26. Juli 2011 *Vor 235 Jahren anno 1776* ward dies ein Freitag. Ich begab mich heute mit meinem russischen Staatsgast Paul von Berlin nach **Charlottenburg**, anschließend nach Potsdam-Sanssouci ins Neue Palais.

Mittwoch, 27. Juli 2011 *Vor 255 Jahren anno 1756* ward dies ein Dienstag. Ich ging heute von Berlin aus über **Spandau** nach Potsdam, wo ich morgen mit meinem Feldmarschall Schwerin zusammentreffen werde.

Donnerstag, 28. Juli 2011 *Vor 230 Jahren anno 1781* ward dies ein Sonnabend. In der letzten Nacht stürzte der im Bau begriffene Turm des Deutschen Doms auf dem Gendarmenmarkt in Berlin ein. Glücklicherweise kam beim Einsturz keiner der am Bau tätigen Arbeiter ums Leben. Doch es war nicht der erste Baueinsturz auf dem sandigen, sumpfigen Untergrund in Berlins Mitte. Schon zu meines Großvaters Zeiten hatte es derartige Einsturzkatastrophen gegeben. Damals hatte es Schlüter die Entlassung gebracht und auch diesmal waren Konsequenzen zu ziehen. Ich war aufs Äußerste verärgert. Wegen der zutage tretenden Baumängel und der notwendigen Untersuchungen war ich gar gehalten, meinen Baumeister ***Carl Philipp Christian von Gontard*** kurzzeitig in Haft zu nehmen. Er wurde nach Spandau gebracht, aber schon bald wieder freigelassen. Doch als maßgeblicher königlicher Baumeister hatte er ausgedient und erhielt die Entlassung. Da ihm aber keine persönliche Schuld am Einsturz nachzuweisen und gleichsam aus Mitleid übertrug ich ihm hernach einige wenige planerische Aufgaben. Doch den **Turm** vom **Deutschen Dom** musste ich nochmals bauen lassen. Die Weiterführung der Baumaßnahmen leistete Gontards Schüler und Oberbaurat ***Georg Christian Unger***.

<u>**Freitag, 29. Juli 2011**</u> *Vor 245 Jahren anno 1766* ward dies ein Dienstag. Von Potsdam aus ging ich heute **nach Charlottenburg**, wo ich dem außerordentlichen schwedischen Gesandten, Freiherrn ***von Manteuffel***, eine Audienz gewährte (Q1c, S. 275).

<u>**Sonnabend, 30. Juli 2011**</u> *Vor 245 Jahren anno 1766* ward dies ein Mittwoch. Ich besah heute im Berliner **Tiergarten** „die dort aufmarschierten Wachtparaden“ und begab mich dann **nach Charlottenburg** und abends von dort nach Potsdam.

<u>**Sonntag, 31. Juli 2011**</u> *Vor 260 Jahren anno 1751* ward dies ein Sonnabend. Von Potsdam aus ging ich heute nach Berlin.

Der August
- lateinisch Augusti und altdeutsch Ernting

Vor der Kalenderreform entsprach im alten römischen Jahr dieser Monat dem sechsten Monat im Kalenderjahr, deshalb er dero einst Sextilis genannt wurde, weil die lateinische Bezeichnung „sex“ für sechs steht. Dieser Monat hat nichts mit dem vielfach gerühmten dummen August zu tun, sondern er erinnert an Cäsars Nachfolger Octavian, der den Beinamen Augustus führte, was der „Erhabene“ bedeutete. Im Jahre 8 vor Christus beschloss Augustus, sich mit der Umbenennung des Sextilis in August, ein Denkmal zu setzen. Denn in diesem Monat trat einstmals Kaiser Augustus sein erstes Konsulat an und im August hatte er Ägypten eingenommen. So wird der August noch heute zu Ehren des römischen Kaisers Augustus so bezeichnet. Im August zogen die Ritter des Mittelalters samt Gefolge zur Falkenjagd aus. Bis heute gilt der August als der Hauptmonat des Sommers.

Der erste August wird vielfach als Unglückstag betrachtet. Er gilt als großer Unglückstag, weil der Teufel an diesem Tag von Gott in die Hölle gestürzt worden sein soll. Abergläubische Menschen sollten sich am Teufelstag hüten, zu heiraten, eine Reise anzutreten oder neue Kleider zu tragen. Auch ich begab mich meistens erst Mitte August auf Reisen. Und in der zweiten Augusthälfte weilte ich selten in Berlin.

Anfang August war ich oftmals in Berlin und Charlottenburg, um die Artillerierevue zu halten und im Tiergarten die Heerschau meiner Truppen zu veranstalten. In aller Frühe ritt ich dann zum Wedding, wo ich dem Bomben- und Granatwerfen beiwohnte und das Feuern der Kanonen betrachtete. An diesem Tage gingen die im Lande weilenden fremden Gäste gleichsam nach Berlin, um mir am Revue-Tag ihre Aufwartung zu machen. Ebenso wurden mir die neuen Artillerie-Offiziere vorgestellt. Im Schloss zu Berlin versammelte sich dann immer die ganze Hofgesellschaft zur Mittagstafel. Wobei ich zuvor in den beiden großen Sälen des Schlosses sowohl die Zivilisten als auch die Militärs empfangen und vor dem Oranienburger Tor die Wachparade der Garnison abgenommen hatte.

Ein Kind dem Satan entrissen

August-Geschichte:

Berlin, 17. August anno 1756 vor 255 Jahren:

Edikt zur Verhütung des Kindermordes

Um mit einem alten Vorurteil aufzuräumen, erließ ich eine Verordnung zum Schutze der Frauen und Kinder. Ich möchte Frauen von Schande befreien, die durch bestimmte Umstände gezwungen wurden, ihr Kind abzutreiben. Deshalb erging heute in Berlin mein „Edikt zur Verhütung des Kindesmordes". Ich erklärte, dass eine Frau, die aus Angst vor Schande ihr Kind abtreibe, nicht mit dem Tod zu bestrafen sei. Sondern sie sei des Mitleids würdig, denn sie sei keineswegs als ehrlos zu betrachten, sondern die Umstände und die Gesetze machten sie dazu.

Immer wieder widmete ich mich dieser bedeutsamen Fragestellung der vorgeburtlichen Kindstötung. Als ich im Januar anno 1776 glaubte, selber sterben zu müssen, da beorderte ich den Kammergerichtspräsidenten von Nebeur zu mir und befahl ihm, während ich aufgrund eines heftigen Fieberanfalls das Bett hüten musste, die Justizreform zu beschleunigen. Ich ersuchte ihn, die schicklichsten Mittel anzuwenden, um den Verbrechen des Kindermordes vorzubeugen. Der Kammerpräsident meinte, dass nicht allein uneheliche, sondern auch eheliche Kinder unvermögender Eltern dem Staate zur Last fallen würden. Ich entgegnete ihm darauf: „Ich ziehe die Kosten vor, als sie sterben zu lassen.“

Montag, 1. August 2011 *Vor 235 Jahren anno 1776* ward dies ein Donnerstag. Ich weilte in Berlin und kümmerte mich um meinen Besuch, den russischen Großfürsten ***Paul*** Petrowitsch, der bis Montag bleiben wird.

Dienstag, 2. August 2011 *Vor 270 Jahren anno 1741* ward dies ein Mittwoch. Der kürzlich zu mir aus österreichischen Diensten übergetretene Feldmarschall Graf ***Samuel von Schmettau*** war von der Armee nach Berlin gegangen und reiste heute „nach München“ ab.

Mittwoch, 3. August 2011 *Vor 235 Jahren anno 1776* ward dies ein Sonnabend. Ich befand mich in Berlin und verbrachte die Zeit mit meinem russischen Staatsgast ***Paul***.

Donnerstag, 4. August 2011 *Vor 260 Jahren anno 1751* ward dies ein Mittwoch. Von Potsdam aus begab ich mich heute nach Berlin, doch nach Erledigung der Regierungsgeschäfte kehrte ich wieder nach Potsdam zurück.

Freitag, 5. August 2011 *Vor 235 Jahren anno 1776* ward dies ein Montag. Ich befand mich in Berlin und heute erfolgte von hier aus die Abreise des bei mir zu Besuch weilenden russischen Großfürsten ***Paul*** Petrowitsch. Nach Verabschiedung des Großfürsten kehrte ich nach Potsdam-Sanssouci zurück.

Sonnabend, 6. August 2011 *Vor 260 Jahren anno 1751* ward dies ein Freitag. Heute traf mein Baumeister ***Georg Wenzelslaus von Knobelsdorff*** aus Potsdam in Berlin ein. Wegen des Baues von Sanssouci hatte es einige Unstimmigkeiten zwischen uns gegeben, worauf er sich schmollend in seine Residenz am Berliner Tiergarten zurückzog.

Sonntag, 7. August 2011 *Vor 255 Jahren anno 1756* ward dies ein Sonnabend. Von Sanssouci begab ich mich nach Berlin. Ich verbleibe hier bis zum morgigen Tag.

Montag, 8. August 2011 *Vor 275 Jahren anno 1736* ward dies ein Mittwoch. Ich konnte in Berlin weilen. Dies war der Tag der Rückkehr aus Preußen, wie damals Ostpreußen noch genannt wurde. Über einen Monat hinweg begleitete ich meinen Vater in das östliche Entwicklungsland. Noch am Tag meiner Ankunft aus Preußen schrieb ich erstmalig Voltaire. Im **Brief an Voltaire** forderte ich ihn zur Korrespondenz mit mir auf. Sie wird viele Jahre andauern. Bis zum Tode des großen französischen Gelehrten wird sie trotz vieler Erschütterungen anhalten.

Dienstag, 9. August 2011 *Vor 275 Jahren anno 1736* ward dies ein Donnerstag. Ich weilte in Berlin und genoss das Stadtleben, was mir äußerst gut tat, nach den rüden zurückliegenden Reisewochen in Preußen unter dem beständigem Kuratel meines Vaters. Am kommenden Dienstag entfloh ich meinen irdischen Diensten und gab mich ausgiebigem Lustwandel hin.

Mittwoch, 10. August 2011 *Vor 260 Jahren anno 1751* ward dies ein Dienstag. Für zwei Tage befand ich mich in Berlin und besuchte die „Prinzessin von Preußen“. Ebenso fand ich mich zur „Audienz des französischen Marschalls Graf ***Löwendahl***“ ein.

Donnerstag, 11. August 2011 *Vor 265 Jahren anno 1746* ward dieser Tag gleichsam ein Donnerstag. Heute kehrte ich kränkelnd von meiner über vierzehntägigen Reise durch Schlesien zurück nach Berlin. Ich speiste bei meiner Mutter Sophie Dorothea.

Freitag, 12. August 2011 *Vor 265 Jahren anno 1746* ward dieser Tag gleichsam ein Freitag. Ich ging in Berlin meinen Regierungsangelegenheiten nach und begab mich hernach nach Potsdam, wo ich die nächsten vier Wochen verbrachte, um mich von meinen Leiden zu kurieren. Denn von meiner über zwei wöchigen Inspektionsreise nach Schlesien kehrte ich krank zurück. Seit Ende Juli plagte mich nicht nur ein Hämorrhoidenleiden, sondern ich hatte „un accident à l‘aine de la jambe droite“, sodass ich „den ganzen Tag liegen“ musste, weil ein böses Geschwür am Bein mich sehr plagte.

Sonnabend, 13. August 2011 *Vor 245 Jahren anno 1766* ward dies ein Mittwoch. Ich ging heute von Potsdam nach **Köpenick**. Hernach reiste ich von dortem nach Schlesien. In meiner Begleitung befanden sich der Prinz von Preußen und mein Bruder Prinz Heinrich sowie die „beiden Prinzen von Braunschweig und einigen anderen Generalen“. Noch heute erreichten wir „Crossen“.

Noch vor meiner Abreise nach Schlesien schrieb ich meinem Philosophenfreund **Voltaire**: „Ich biete den Philosophen eine sichere Zuflucht an, wenn sie nur weise und so friedfertig sind, als es der schöne Name, mit dem sie prunken, voraussetzt; denn alle Wahrheiten, die sie verkündigen, zusammen genommen, wiegen die Ruhe der Seele nicht auf, das einzige Gut, dessen die Menschen auf dem von ihnen bewohnten Sandkörnchen genießen können. Ich, der ich meine Vernunft ohne Enthusiasmus gebrauche, ich wünsche, daß die Menschen vernünftig und vor allen Dingen ruhig wären. Sokrates betete die Deos majores et minores gentium nicht an, aber er war bei den öffentlichen Opfern gegenwärtig. Gaffendi besuchte die Messe und Newton die Vesper. ***Die Toleranz muß einem Jeden in der Gesellschaft die Freiheit zusichern, zu glauben, was er will; aber sie muß nicht so weit gehen, die Unbesonnenheit und Ausgelassenheit junger Schwindelköpfe zu billigen, welche dasjenige verwegen verspotten, was das Volk verehrt. Das sind meine Gesinnungen, und sie sind denjenigen angessen, wodurch die Freiheit und öffentliche Sicherheit, der erste Gegenstand aller Gesetzgebung, befestigt wird.***“

Sonntag, 14. August 2011 *Vor 275 Jahren anno 1736* ward dies ein Dienstag. Noch einen Tag ist mir vergönnt, in Berlin zu verharren. Doch morgen musste ich schon wieder nach Ruppin zu meinen Soldaten.

Montag, 15. August 2011 Heute ist Mariä Himmelfahrt. *Vor 269 Jahren anno 1742* war dies ein Mittwoch. Ich war an diesem Tag von Potsdam aus kommend in Berlin.

Dienstag, 16. August 2011 *Vor 268 Jahren anno 1743* ward dies ein Dienstag.

Von Charlottenburg aus kommend weilte ich heute in Berlin und werde hernach mich nach Potsdam begeben.

Mittwoch, 17. August 2011 *Vor 255 Jahren anno 1756* ward dies ein Dienstag. Ich erließ heute in Berlin das Edikt zur Verhütung des Kindermordes.

Donnerstag, 18. August 2011 *Vor 260 Jahren anno 1751* ward dies ein Mittwoch. In Berlin starb heute mein Generalfeldmarschall ***Samuel Graf von Schmettau***. Er hatte sich um die Akademie der Wissenschaften große Verdienste erworben, die er seit acht Jahren als Kurator wesentlich mitgestaltete.

Freitag, 19. August 2011 *Vor 255 Jahren anno 1756* ward dies ein Donnerstag. Jetzt kam ich von Sanssouci aus nach Berlin und besuchte zusammen mit meiner Frau ***Elisabeth Christine*** meine Mutter ***Sophie Dorothea***.

Sonnabend, 20. August 2011 *Vor 255 Jahren anno 1756* ward dies ein Freitag. Ich weilte kurzzeitig in Berlin und werde mich noch heute nach Sanssouci begeben.

Sonntag, 21. August 2011 *Vor 255 Jahren anno 1756* ward dies ein Sonnabend. Heute zog mein Neffe, der kleine Prinz ***Friedrich Wilhelm***, von Potsdam nach Berlin um. Die Übersiedlung erfolgte im 12. Lebensjahr. Er soll meine Nachfolger werden. Deshalb erzog ich ihn die letzten Jahre in Potsdam in meiner Nähe. Für meinen anderen Neffen, den kleinen Prinzen Heinrich, genannt der jüngere Heinrich, beauftragte ich heute Graf Borcke mit der Erziehung.

Montag, 22. August 2011 *Vor 260 Jahren anno 1751* ward dies ein Sonntag. Von Potsdam aus reiste ich heute nach Berlin, wo ich bis Mittwoch bleiben werde.

Dienstag, 23. August 2011 *Vor 225 Jahren anno 1786* ward dies ein Mittwoch. Es kam heute aus Braunschweig der Geh.-Rath von Hardenberg-Reventlow in Berlin an. Der Geheimrat befand sich im Dienste des Herzogs von Braunschweig, dem ich anno 1769 mein **Testament** anvertraute. Der Herzog von Braunschweig schickte seinem geheimen Rat Hardenberg nach Berlin, um mein beim Braunschweiger Herzog niedergelegtes Testament meinen Nachkommen zu übergeben. Doch wurde es in bedeutsamen Punkten ignoriert. ***Karl August von Hardenberg*** wird seiner Verdienste halber von meinem Großneffen Friedrich Wilhelm III. in den Fürstentstand erhoben werden und zum preußischen Außenminister und Großkanzler aufsteigen.

Mittwoch, 24. August 2011 *Vor 264 Jahren anno 1747* ward dies ein Donnerstag und ich weilte zu Hoffesten in Schloss **Charlottenburg**.

Donnerstag, 25. August 2011 *Vor 260 Jahren anno 1751* ward dies ein Mittwoch. Ich nächtigte in Berlin und brach heute von hier aus **nach Schlesien** auf. Auf meiner Reise machte ich selbigen Tages zuvorderst für zwei Tage in „Cüstrin“ Zwischenstation.

Freitag, 26. August 2011 *Vor 244 Jahren anno 1767* ward dies ein Mittwoch. Ich befand mich an diesem Tage in **Schloss Charlottenburg**, wo mehrtägige Hoffeste aus Anlass der von mir vermittelten Vermählung der Prinzessin ***Louise Henriette Wilhelmine*** stattfanden. Sie war die Tochter des Markgrafen Friedrich Heinrich von Brandenburg-Schwedt. Sie heiratete Leopold Friedrich Franz, den regierenden Fürsten von Anhalt-Dessau.

Sonnabend, 27. August 2011 Vor 244 Jahren anno 1767 ward dies ein Donnerstag. Ich begab mich heute von Charlottenburg zum **Berliner Tiergarten**, um daselbst die **Wachparade** zu besehen. Hernach ging ich zurück nach Charlottenburg, wo heute die Verlobung meiner Nichte gefeiert wurde. ***Friederike Sophie Wilhelmine*** verlobt sich heute mit dem Erbstatthalter der Niederlande.

Sonntag, 28. August 2011 *Vor 260 Jahren anno 1751* ward dies ein Sonnabend. Mein Freund Lordmarschall ***Georg Keith*** wurde neuer preußischer Gesandter in Paris. Heute brach er von Berlin aus auf nach Frankreich. Ende des Monats verlieh ich ihm dann den Schwarzen Adler-Orden.

Montag, 29. August 2011 *Vor 255 Jahren anno 1756* ward dies ein Sonntag. In Berlin erschienen heute wichtige Erklärungen, warum preußische Truppen die sächsische Grenze überschritten. Sie wurden dem sächsischen Gesandten übergeben, dem ich erlaubte, in Berlin zu bleiben und seinen Gesandtschaftsposten weiterzuführen. Der nunmehr begonnene Krieg wird sieben lange Jahre dauern und Preußen an den Rand seiner Existenz bringen. Nach dem **Siebenjährigen Krieg** wird Preußen ein einheitlicher Staat sein. Bis dato war mein Königreich ein Doppelstaat aus dem Kurfürstentum Brandenburg und dem Herzogtum Preußen. Hernach wurde aus dem alten Preußen der Landesteil Ostpreußen und der Gesamtstaat bekam den Namen Preußen. Fortan durfte ich mich König von Preußen nennen, nicht mehr nur König in Preußen.

Dienstag, 30. August 2011 *Vor 265 Jahren anno 1746* ward dieser Tag gleichsam ein Dienstag. Nahezu drei Wochen ward ich krankheitshalber gehindert, nach Berlin zu kommen. Heute traf ich nun endlich von Potsdam aus kommend in Berlin ein.

Mittwoch, 31. August 2011 *Vor 263 Jahren anno 1748* ward dies ein Sonnabend. Ich befand mich in Berlin.

Der September
- lateinisch Septembris oder altdeutsch Herbstmond

Die lateinische Zahl sieben wird „septem“ genannt. Und so ward im altrömischen Kalender der September entsprechend der siebente Monat und nach ihm ist dieser Monat bezeichnet worden. Seit der Kalenderreform entfiel diese Reihenfolge und aus dem siebten Monat wurde der neunte Monat. Unter der Regierung Kaiser Domitians wurde der Monat in Germanicus umgetauft, was sich aber nicht durchsetzte. Die Germanen feierten am 29. September immer ihren Herbstthing, der gleichsam als Gerichtstag galt. Wobei sie an diesem Tag Gott Wotan mit Opfergaben für die eingebrachte Ernte dankten. Nach der Christianisierung war es der Michaelistag zur Erinnerung an den Erzengel Michael. Er gilt als Schutzpatron Deutschlands.

Karl der Große nannte den Monat Scheidling. Deshalb lautete seine altdeutsche Bezeichnung Scheidemonat oder Herbstmond, weil er das Jahr vom schönen Wetter scheidet und kalendarisch am 23. Tag der Herbst anfängt. In der Nacht vom 22. auf den 23. September sind Tag und Nacht gleich. Die Sonne steht genau über dem Äquator. Nun verabschiedet sich die Sonne langsam und die Nächte werden wieder länger. Manchmal sagten in Preußen die Bauern auch Holzmonat, weil in dieser Zeit die Bäume gefällt und das Winterholz eingebracht wurde.

Während der September-Tage verweilte ich selten in Berlin. Meistens befand ich mich auf Manöver-Reisen oder später fast immer in Sanssouci.

Der Domprediger würdigt die Königstugenden

September-Geschichte:

Berlin, 10. September anno 1786 vor 225 Jahren:

Meine Erinnerungsfeier im Berliner Dom

Vierundzwanzig Tage nach meinem Tode fand heute unter starker Anteilnahme meiner königlichen Familie eine Erinnerungsfeier für mich im Dom am Berliner Lustgarten statt. Domprediger Friedrich Samuel Gottfried Sack hielt eine eindrucksvolle Rede, in der er mein Leben und meine Königstugenden würdigte. Der hochwürdige Konsistorialrat Sack nahm mich mit großen Worten in die Ahnengalerie meiner gottesfürchtigen Vorfahren auf.

Tags zuvor ward in Potsdam mein Leichenbegräbnis. Mein Neffe, mein Nachfolger als König, missachtete mein Testament, in dem ich ausdrücklich verfügt hatte, im Schlosspark von Sanssouci neben meinen Hunden begraben zu werden.

Diese Grabstätte hatte ich mir selber errichten lassen durch meinen Baumeister Friedrich Wilhelm Dietrich. Bereits anno 1743 hatte ich anlässlich eines Ausflugs auf den wüsten Berg von Potsdam meinem Baumeister Knobelsdorff und meinem Freund Algarotti gesagt: Da will ich beerdigt sein. Meine Königsgruft schuf ich mir dann tatsächlich ein Jahr später, noch bevor überhaupt der Bau meines Lustschlosses Sanssouci begann. Meine Begräbnisstätte stand dort an erster Stelle. Ich wollte ganz im Geiste der Aufklärung, in Gottes freier Natur beerdigt sein. Warum mein Neffe und königlicher Erbe meinen letzten Willen so missachtete, blieb mir ein Rätsel. Es war bestimmt keine Marotte von mir, neben meinen Hunden auf der Terrasse von Sanssouci beerdigt zu werden, sondern es entsprach meinem wohlüberlegten und lang gehegten Wunsch, dort zu liegen, um sorgenfrei zu sein. Ich habe als Philosoph gelebt und wollte als Philosoph beerdigt werden. Aber mein Nachfolger Friedrich Wilhelm II. ignorierte diesen meinen testamentarischen Wunsch und legte mich neben meinen ungeliebten Vater in die Garnisonskirche zu Potsdam. Da diente ich dann der Staffage für manchen Potentaten. Selbst der Kaiser der Franzosen und ein österreichischer Anführer und Brandstifter aus Braunau nutzten die Kulisse, um ihren eigenen Ruhm und ihre mangelnde Herrlichkeit zu erhöhen. Eine wahrhafte Odyssee begann. Im letzten großen Krieg landete ich als Flüchtling zwischengelagert in einem Salzbergwerk in Thüringen, anschließend in Marburg in der Elisabethenkirche. Hernach überdauerte ich die schweren Zeiten auf der Stammburg meiner Urväter, auf Burg Hohenzollern.

Erst an meinem 205. Todestag fand mein letzter Wunsch Erfüllung. Ich wurde umgebettet und endlich dort beerdigt, wo ich schon zweihundertfünf Jahre zuvor gehofft hatte, hinzukommen. Erst anno 1991 beerdigte mich mein mir nachgeborenes Hohenzollernoberhaupt Louis Ferdinand zusammen mit dem deutschen Kanzler Helmut Kohl in Manier der Aufklärung in meinem Garten in Sanssouci. Traurig, aber wahr, so lange musste ich warten, bis mein testamentarischer Wunsch akzeptiert wurde.

Donnerstag, 1. September 2011 Vor 263 Jahren anno 1748 ward ich in Berlin. Doch noch heute brach ich auf nach Schlesien.

Freitag, 2. September 2011 *Vor 267 Jahren anno 1743* ward dies ein Montag und ich hielt Manöver **in Schöneberg** bei Berlin.

Sonnabend, 3. September 2011 *Vor 268 Jahren anno 1743* ward dies ein Dienstag. Ich weilte in Berlin und empfing heute den Kaiserlichen Gesandten ***Franz von Spon***.

Sonntag, 4. September 2011 *Vor 268 Jahren anno 1743* ward dies ein Mittwoch. Ich befand mich in Berlin.

Montag, 5. September 2011 *Vor 270 Jahren anno 1741* ward dies ein Dienstag. In Berlin erfolgte heute die **Grundsteinlegung** für mein königliches **Opernhaus**. Die Inschrift der eingelassenen Platte trug meinen Namen. Meine beiden Brüder Prinz ***Heinrich*** und Prinz ***Ferdinand*** waren zugegen. Ich war allerdings ortsabwesend.

Dienstag, 6. September 2011 *Vor 269 Jahren anno 1742* ward dies ein Donnerstag. Heute erging in Berlin mein „Patent“ wegen der Wohltätigkeiten, „welche den ausländischen Künstlern“ und „Fabrikanten, die sich in preuß. Landen niederlassen“ wollten, zu Teil werden sollten.

Mittwoch, 7. September 2011 *Vor 276 Jahren anno 1735* ward dies ein Freitag. Ich sollte sofort nach Berlin kommen, um meine Frau ***Elisabeth Christine*** zu trösten, weil ihr Vater, Herzog ***Ferdinand Albrecht von Braunschweig***, vor vier Tagen verstorben war.

Donnerstag, 8. September 2011 *Vor 234 Jahren anno 1777* ward dies ein Montag, an dem ich die Minister ***Friedrich Wilhelm von der Schulenburg-Kehnert***, ***Leopold Otto von Gaudi*** und von ***Friedrich Anton von Heinitz*** zur Berichterstattung von Berlin nach Potsdam beorderte.

Freitag, 9. September 2011 *Vor 227 Jahren anno 1784* ward diese ein Donnerstag. Ich besuchte in ihrem Palais „Unter den Linden“ zu Berlin meine Schwester ***Amalie***.

Sonnabend, 10. September 2011 *Vor 225 Jahren anno 1786* ward dies ein Sonntag. Über drei Wochen nach meinem Tode fand heute im **Berliner Dom** eine Erinnerungsfeier für mich statt.

Sonntag, 11. September 2011 *Vor 235 Jahren anno 1776* ward dies ein Mittwoch. Heute unterzeichnete ich die Schenkungs- und Bestätigungs-Urkunde aller bisher den Vasallen und „**Unterthanen**“ **geschenkten Grundstücke** und Gelder. Hernach begab ich mich zum **Gesundbrunnen** bei Berlin, wo ich gegen Abend ankam und daselbst die Nacht verbrachte.

Montag, 12. September 2011 *Vor 230 Jahren anno 1781* ward dies ein Mittwoch. In Berlin besuchte ich heute meine Schwester ***Amalie*** und nahm den Bau der Türme auf dem Gendarmenmarkt in Augenschein, nachdem kürzlich der eine der beiden Türme eingestürzt war. Offensichtlich gab es beim Turm des **Deutschen Doms am Gendarmenmarkt** Baumängel, die mein Baumeister zu verantworten hatte. Nach dieser Inspektion reiste ich weiter nach dem **Gesundbrunnen**, wo ich auch des Nachts mein Quartier fand.

Dienstag, 13. September 2011 *Vor 230 Jahren anno 1781* ward dies ein Donnerstag. Ich kam heute in der Frühe vom Gesundbrunnen nach dem **Wedding**, um dort dem „Artillerie-Manövre“ beizuwohnen.

Mittwoch, 14. September 2011 *Vor 265 Jahren anno 1746* ward dies gleichsam ein Mittwoch. Seit gestern weilte ich für drei Tage in **Charlottenburg**.

Donnerstag, 15. September 2011 *Vor 260 Jahren anno 1751* ward dies ein Mittwoch. Heute kehrte ich von meiner dreiwöchigen Reise aus Schlesien zurück. Mittags speiste ich mit den Prinzen und einigen Generälen in meinen Königskammern im Berliner Schloss. Am Abend halte ich Tafel mit meiner Frau ***Elisabeth Christine*** bei meiner Mutter ***Sophie Dorothea*** in ihrem Schloss Monbijou. Zuvor besuchte ich das französische Schauspiel George Dandin, mit dem Nachspiel le Consentement forcé. An diesem Tage wurde mir auch der Mainzer Domherr ***Graf von Stadion*** vorgestellt.

Freitag, 16. September 2011 *Vor 265 Jahren anno 1746* ward dieser Tag gleichsam ein Freitag. Ich befand mich in Berlin, begab mich aber noch heute nach Potsdam.

Sonnabend, 17. September 2011 *Vor 278 Jahren anno 1733* ward dies ein Donnerstag. Heute ereilte mich die Order meines Vaters des Soldatenkönigs, ich möge „sogleich nach Berlin kommen".

Sonntag, 18. September 2011 *Vor 230 Jahren anno 1781* ward dies ein Dienstag. Die verwitwete Herzogin von Brauschweig und die Landgräfin von Hessen-Kassel verließen heute Berlin, um mich in Potsdam zu besuchen.

Montag, 19. September 2011 *Vor 247 Jahren anno 1764* ward dies ein Mittwoch. Aus London kam heute in Berlin der englische Gesandte ***Andrew Mitchell*** an. Baldigst empfing ich ihn zur Audienz.

Dienstag, 20. September 2011 *Vor 226 Jahren anno 1785* ward dies ein Dienstag. Von Berlin aus machten sich heute zu mir nach Potsdam der französische General ***Marquis de Bouillé*** und mehrere preußische Generale auf den Weg.

Mittwoch, 21. September 2011 *Vor 276 Jahren anno 1735* ward dies ein Mittwoch. Ich traf heute in Berlin Reisevorbereitungen, denn am morgigen Tag brach ich nach Preußen auf, wie damals noch Ostpreußen bezeichnet wurde. Es gehörte damals nicht zum deutschen Staatenverband.

Donnerstag, 22. September 2011 *Vor 262 Jahren anno 1749* ward dies ein Montag. Ich habe mich von Potsdam aus nach Berlin begeben.

Freitag 23. September 2011 Vor 247 Jahren anno 1764 ward dies ein Sonntag. Meine Schwester ***Amalie*** kam heue aus Aachen von ihrer Bade-Kur zurück. Sie besuchte mich in Potsdam und ging hernach in ihr geliebtes Palais nach Berlin zurück.

Sonnabend, 24. September 2011 Vor 265 Jahren anno 1746 ward dieser Tag gleichsam ein Sonnabend. Heute erreichte mein akademischer Freund ***Maupertuis*** wieder Berlin. Er war zuvor von einer Paris-Reise zurückgekehrt.

Sonntag, 25. September 2011 Vor 265 Jahren anno 1746 ward dieser Tag gleichsam ein Sonntag. Heute kam Graf ***von Schaffgotsch*** aus Schlesien in Berlin an.

Montag, 26. September 2011 *Vor 232 Jahren anno 1779* ward dies ein Sonntag. Ich begab mich heute von Potsdam aus nach **Friedrichsfelde** bei Berlin.

Dienstag, 27. September 2011 Vor 271 Jahren anno 1740 ward dies ein Dienstag. Ich befand mich an diesem Tage in meinem Schloss **Charlottenburg**.

Mittwoch, 28. September 2011 *Vor 260 Jahren anno 1751* kam in Berlin aus Genua der französische Gesandte von Guimont an. Ich werde ihn schon bald zur Audienz empfangen.

Donnerstag, 29. September 2011 *Vor 255 Jahren anno 1756* ward dies ein Mittwoch. In Berlin wurde heute der schwedische General Horn meiner Mutter der Königin ***Sophie Dorothea*** vorgestellt. Ich bin derzeit ortsabwesend.

Freitag, 30. September 2011 *Vor 260 Jahren anno 1751* ward dies ein Donnerstag. Am Freitag letzter Woche hatte ich Graf ***Heinrich Adrian von Borcke*** zum „Gouverneur des Prinzen Friedrich Wilhelm" ernannt. Major von Borcke kommt heute **in Berlin** an, um sein wichtiges Amt als Kronprinzenerzieher zu übernehmen.

Der Oktober
- lateinisch Octobris und altdeutsch Weinmond

"Octo" war bei den alten Römern die Zahl acht und infolge wurde dieser Monat „mensis october" genannt. Denn bis zur Kalenderreform im Jahre 46 vor Christus ward der „mensis october" der achte Monat im Jahreskreis. Mit der Kalenderreform wurde der Monat an die zehnte Stelle verschoben. Der alte Name blieb jedoch als „Octoris" erhalten. In deutschen Landen wurde der Oktober als Weinmond oder Weinmonat bezeichnet. Diese Namensgebung führte bereits Karl der Große im 8. Jahrhundert ein und er deutete damit auf den Beginn der Weinlese hin. Ebenso ward der Monat früher auch „Gilbhart" genannt, weil sich in diesem Monat das Laub „gilbt". Später wurde wegen der goldgelben Verfärbung der Laubblätter der Monat auch goldener Oktober geheißen. Die Jäger in Preußen nannten ihn Dachsmond.

In den christlichen Kirchen wird am ersten Sonntag im Oktober das Erntedankfest gefeiert. Ich hatte den Erntedanktag bereits anno 1773 per Dekret auf den ersten Sonntag nach Michaelis festgelegt, der am 29. September begangen wird. Der Erntedank ging auf das heidnische Opferritual zurück und wurde von den christlichen Kirchen als Festtag übernommen. In den Kirchen wurden dann immer Opfer der Ernte, Getreide, Früchte und Blumen geweiht und über der Kanzel hing der Erntedankkranz.

Das französische Theater zu Berlin

Oktober-Geschichte:

Berlin, 21. Oktober anno 1771 vor 240 Jahren:

Die Stiftung des französischen Theaters

Berlin sollte ein französisches Theater erhalten. Dazu fertigte ich heute die Stiftungsurkunde. Es wird zwischen dem Deutschen Dom und dem Französischen Dom errichtet werden. Gleichsam gab ich den Befehl zur Neugestaltung des Gendarmenmarktes. Bisher befand sich dort das Reiterregiment „Gens d'armes". Die Pferdeställe umrankten die französische Kirche, die im Volksmund deshalb Stallkirche genannt wurde. Diese unerquickliche Situation beendete ich. Um Platz in der Mitte zu schaffen, musste ich auf jeden Fall die Behausung der Garde und die alten Pferdeställe meines Vaters abreißen lassen. In den Folgejahren errichtete mein Baumeister Johann Boumann anstelle der alten Pferdeställe das französische Komödienhaus, da wo heute das prachtvolle Konzerthaus seinen Sitz hat. Virtuosen ersten Ranges geben dort heute bedeutsame Vorstellungen klassischer Musik.

Nach meinem Tode nahm man mir meine Franzosenleidenschaft sehr übel und mein Nachfolger meinte, mein französisches Theater sei nicht mehr populär und somit überflüssig. Friedrich Wilhelm II. übergab es an Carl Theophilus Döbbelin, um daraus ein deutsches Nationaltheater zu machen. Wenige Jahre später wurde August Wilhelm Iffland Direktor dieses königlichen Nationaltheaters. Hernach wird mein Großneffe Friedrich Wilhelm III. durch den Baumeister Carl Gotthard Langhans 1802 dort einen Neubau veranlassen. Doch der „kahle Kasten", wie mein Großneffe den wenig gelungenen Bau betitelte, brannte 1817 vollständig aus. Nun schuf auf königliche Anordnung Karl Friedrich Schinkel ein ästhetisch durchaus überzeugendes neues Schauspielhaus. Als Vorbild für die Fassadengestaltung diente das Thrasyllos-Monument in Athen, welches 320 Jahre vor Christus entstanden war. Eingeweiht wurde der Neubau am 26. Mai 1821 in Anwesenheit von Friedrich Wilhelm III. mit dem Drama „Iphigenie auf Tauris" von Johann Wolfgang von Goethe.

Sonnabend, 1. Oktober 2011 *Vor 240 Jahren anno 1771* ward dies ein Dienstag. Mein Minister ***Karl Wilhelm Finck von Finckenstein*** und mein Freund General ***Hans Jobst Heinrich Wilhelm von Buddenbrock*** erhielten heute Order Berlin zu verlassen, um zu mir nach Sanssouci zu kommen.

Sonntag, 2. Oktober 2011 Heute ist Erntedankfest. *Vor 245 Jahren* anno 1766, als dieser Tag auf einen Donnerstag fiel, da ward ich in Schloss **Charlottenburg**.

Montag, 3. Oktober 2011 Heute ist Tag der Deutschen Einheit. *Vor 245 Jahren anno 1766* ward dies ein Freitag. Von **Charlottenburg** aus kommend hielt ich heute in Berlin im **Tiergarten** Heerschau. Ich besah „die Berliner Wachtparaden" und besuchte „in der Stadt" meine Schwester, „die Prinzessin *Amalie*, alsdann" ritt ich zur Porzellanfabrik und besuchte „das Cadettenhaus und die Acadmie militaire". Hernach ging ich „nach **Charlottenburg** zurück", kam aber "Abends zur Oper Cajus Fabricius wieder nach Berlin, nach deren Beendigung" nächtige ich in Schloss **Charlottenburg**.

Dienstag, 4. Oktober 2011 *Vor 265 Jahren anno 1746* ward dieser Tag gleichsam ein Dienstag. Von Charlottenburg aus kommend traf ich heute in Berlin ein.

Mittwoch, 5. Oktober 2011 *Vor 265 Jahren anno 1746* ward dieser Tag gleichsam ein Mittwoch. Ich weilte seit gestern in Berlin.

Donnerstag, 6. Oktober 2011 *Vor 265 Jahren anno 1746* ward dieser Tag gleichsam ein Donnerstag, an dem ich mich in Berlin aufhielt.

Freitag, 7. Oktober 2011 *Vor 265 Jahren*

anno 1746 ward dieser Tag gleichsam ein Freitag. Ich kam von Berlin aus nach **Charlottenburg**. Hier wird heute meine **neue Galerie** eingeweiht. Mit von der Partie waren meine Frau ***Elisabeth Christine***, meine Schwester ***Amalie*** und meine Mutter ***Sophie Dorothea***, die das besondere Ereignis miterleben mochten. Wobei meine Frau bereits in der Nacht nach Berlin zurückkehrte.

Sonnabend, 8. Oktober 2011 *Vor 260 Jahren anno 1751* ward dies ein Freitag. Ich begab mich heute von Potsdam aus für zwei Tage nach Berlin. Dort erteilte ich dem französischen Gesandten ***von Guimont*** eine Audienz. Hernach speiste ich mit meiner Gemahlin und den Prinzen und Prinzessinnen des königlichen Hauses bei meiner Mutter ***Sophie Dorothea*** in ihrem Schloss **Monbijou**.

Sonntag, 9. Oktober 2011 *Vor 260 Jahren anno 1751* ward dies ein Sonnabend. Ich weilte in Berlin und begab mich hernach nach Potsdam.

Montag, 10. Oktober 2011 Vor 244 Jahren anno 1767 ward dies ein Sonnabend. Ich hielt mich in Berlin auf. Gestern habe ich die „Große **Revue** vor dem Halleschen Thore“ passieren lassen.

Dienstag, 11. Oktober 2011 *Vor 244 Jahren anno 1767* ward dies ein Sonntag. Ich weilte in Berlin und ging noch heute samt meinem Gefolge nach Potsdam.

Mittwoch, 12. Oktober 2011 *Vor 265 Jahren anno 1746* ward dies gleichsam ein Mittwoch. Ich ließ heute in Berlin ein „Cirkular an alle Regierungen und Consistorien“ verteilen, „daß die **Singkunst** in den Schulen und Gymnasien besser traktirt werde.“

Donnerstag, 13. Oktober 2011 *Vor 258 Jahren anno 1753* ward dies ein Sonnabend. Ich besah heute in Berlin die Aufführung der Oper „Lucio Silla“ von Carl Heinrich Graun.

Freitag, 14. Oktober 2011 *Vor 258 Jahren anno 1753* ward dies ein Sonntag. Ich war in Berlin und begab mich noch heute nach Potsdam.

Sonnabend, 15. Oktober 2011 *Vor 270 Jahren anno 1741* ward dies ein Sonntag. Heute wurde in Berlin mein jüngerer Bruder Prinz ***Heinrich*** im Alter von 15 Jahren **konfirmiert**.

Sonntag, 16. Oktober 2011 *Vor 271 Jahren anno 1740* ward dies ein Sonntag. Ich hielt mich in Berlin auf und hier kam heute der neue französische Gesandte, der ***Marquis Ludwig Karl Anton de Beauvau*** an. Ich werde ihm in zwei Tagen eine Audienz gewähren. Heute war ich noch mit den Vorbereitungen des Besuchs meiner Schwester Wilhelmine befasst, die morgen mit ihrem Mann hier anreisen wird.

Montag, 17. Oktober 2011 *Vor 235 Jahren anno 1776* ward dies ein Donnerstag und in Berlin starb heute im Alter von 62 Jahren mein Generalmajor ***Ernst Julius von Koschenbar***.

Dienstag, 18. Oktober 2011 *Vor 255 Jahren anno 1756* ward dies ein Montag. In Berlin verbreitete sich seit gestern wie ein Lauffeuer die Nachricht von der Kapitulation der sächsischen Armee, die dieser Tage weitgehend ins preußische Lager übertrat und die Soldaten mir als König nunmehro den Eid schworen.

Mittwoch, 19. Oktober 2011 *Vor 265 Jahren anno 1746* ward dies gleichsam ein Mittwoch. Heute wurde in Berlin meinem Obersten ***Friedrich Wilhelm Quérin de Forcade*** ein Sohn geboren. Ich werde die Patenschaft über das kleine Kind übernehmen.

Donnerstag, 20. Oktober 2011 *Vor 260 Jahren anno 1751* ward dies ein Mittwoch. Ich weilte heute in Berlin zur „Taufe beim Oberst Keith.“

Freitag, 21. Oktober 2011 *Vor 240 Jahren anno 1771* ward dies ein Montag. Ich stiftete heute die Urkunde zur Errichtung „des **Französischen Theaters** in **Berlin**.“

Sonnabend, 22. Oktober 2011 Vor 271 Jahren anno 1740 ließ ich gestern in Berlin das Traktat verkünden, dass „wohlhabende **Ausländer**, welche sich in peußischen Provinzialstädten niederlassen wollen, eben die Freiheiten genießen sollen, wie die, welche sich in Berlin niederlassen.“

Sonntag, 23. Oktober 2011 *Vor 241 Jahren anno 1770* ward dies ein Dienstag. Ich begab mich heute nach Berlin.

Montag, 24. Oktober 2011 *Vor 265 Jahren anno 1746* ward dieser Tag gleichsam ein Montag. Von Potsdam aus kommend traf ich heute in Berlin ein, wo ich die nächsten drei Tage meinen Regierungsgeschäften nachging.

Dienstag, 25. Oktober 2011 *Vor 265 Jahren anno 1746* ward dieser Tag gleichsam ein Dienstag. Ich residierte seit gestern in Berlin.

Mittwoch, 26. Oktober 2011 *Vor 265 Jahren anno 1746* ward dieser Tag gleichsam ein Mittwoch. Ich verweilte bis morgen in Berlin.

Donnerstag, 27. Oktober 2011 *Vor 265 Jahren anno 1746* ward dieser Tag gleichsam ein Donnerstag. Ich befand mich in Berlin, begab mich aber zusammen mit meinen beiden Brüdern ***Heinrich*** und ***Ferdinand*** noch selbigen Tages nach Potsdam. Es kam heute der kaiserliche Gesandte Graf ***Joseph Bernes*** in Berlin an.

Freitag, 28. Oktober 2011 *Vor 245 Jahren anno 1766* ward dies ein Dienstag. Das revidierte und erweiterte „Edict und Reglement“ meiner königlichen **Giro- und Leihbank** zu Berlin ward fertiggestellt. Morgigen Tages wurde es offiziell verkündet.

Sonnabend, 29. Oktober 2011 *Vor 265 Jahren anno 1746* ward dieser Tag gleichsam ein Sonnabend. Ich erreichte von Potsdam aus kommend Charlottenburg. Im **Schloss Charlottenburg** feierte ich heute in meinem neuen großen Festsaal, den ich „**Goldene Galerie**“ nannte.

Sonntag, 30. Oktober 2011 Ende der Sommerzeit. *Vor 270 Jahren anno 1741* ward dies ein Montag. Mein neuer Kammerherr ***Jean-Baptiste de Boyer d’Argens*** ward bis dato der Gesandte Württembergs in Preußen. Der Marquis war im letzten Jahr nach Berlin gekommen und dieser Tage bedachte ich ihn mit der Kammerherrnwürde. Er bezog ein stattliches Jahresgehalt von 15.000 Reichstalern.

Montag, 31. Oktober 2011 *Vor 265 Jahren anno 1746* ward dieser Tag gleichsam ein Montag. Ich war heute von Potsdam aus kommend in Berlin eingetroffen.

Der November
- lateinisch Novembris und altdeutsch Windmond

Er wurde bezeichnet nach der lateinischen Zahl neun, denn der alt-römische Kalender wies diesen Monat als den neunten aus. Heute ist er zwar der elfte Monat, aber er trägt noch immer den Namen „novem“, was der lateinischen Zahl neun entspricht. Karl der Große bezeichnete im 8. Jahrhundert diesen Monat als Windmond, weil oftmals in dieser Zeit kräftige Herbststürme wüteten. Anders wurde der November auch Schlachtmond oder Schlachtmonat genannt, weil es auch in Preußen üblicherweise der Monat der Einschlachtung der Schweine war. Es ward aber auch der Monat des Totengedenkens, deshalb galt er vielfach als Trauermonat. Ich war ganz im Gegensatz zu meinem Vater kein Liebhaber der Jagd, aber der November galt nicht nur in preußischen Landen als der klassische Jagdmonat. Im November zog ich zumeist vor, in Berlin oder in Potsdam im Stadtschloss zu verweilen, wo ich den Wetterunwägbarkeiten besser trotzen konnte.

Hedwigs-Kirche zu Berlin

November-Geschichte:

Berlin, 21. November anno 1746 vor 265 Jahren:

Eichenstämme, Bauentwurf und ein Grundstück für die Hedwigs-Kirche

Nunmero erlaubte ich den Berliner Katholiken das Recht der Selbstorganisation. Ich sprach der Gemeinde das Parochialrecht zu und sie durfte fortan kirchliche Amtshandlungen vollziehen und Gelder für die Errichtung der Kirche sammeln. Ausdrücklich genehmigte ich mit heutigem Schreiben den Bau der Hedwigs-Kirche und schenkte der katholischen Gemeinde dazu ein lukratives Grundstück im Zentrum meiner Residenz.

Ich erteilte „den Katholiken in Berlin die Erlaubnis zum Bau einer Kirche mit Thürmen und Glocken“, wozu ich der katholischen Gemeinde nicht nur den Platz, sondern auch reichlich Baumaterial vermachte. Allein zur Fundamentierung stiftete ich 18 besonders dicke Eichenstämme. Mein Freund Friedrich Rudolf

von Rothenburg hatte mir die Förderung des Kirchbaus sehr anempfohlen. Er war Mitglied der katholischen Kirchengemeinde und mit ihm gehörte der Hofmaler Antoine Pesne zu den wenigen, aber prominenten Katholiken, die damals in der Residenzstadt Berlin lebten. Lange Zeit mussten sich die Berliner Katholiken noch heimlich in der österreichischen Gesandtschaft zum Sonntagsgottesdienst treffen. Mein Vater hatte den Katholiken gar noch das Bürgerrecht verwehrt. Da wollte mal ein Weinhändler aus Aachen nach Berlin ziehen. Das jedoch erlaubte mein Vater nicht, weil der Weinhändler katholisch war. Mit meiner Thronbesteigung endigten derartige Beschränkungen. Ich hatte die Initiative ergriffen, damit den katholischen Bürgern Berlins endlich eine Kirche gebaut werden konnte. Neben meinem königlichen Opernhaus zu Berlin wurde die erste katholische Kirche geschaffen, die seit der Reformation in Berlin zugelassen wurde.
Als Zeichen religiöser Toleranz und in Würdigung meiner katholischen Landeskinder schenkte ich bereits im letzten Jahr der katholischen Kirchengemeinde zu Berlin das ansehnliche Grundstück.

Weiterhin werde ich anno 1755 in einer „Kabinetsordre“ erklären, dass das Bethaus der Katholiken ferner keine Gesandtschafts-Kapelle sein sollte, und die dabei angestellten Geistlichen, welche bisher von Wien aus besoldet wurden, erhielten von da an ihre Gehälter aus den königlichen Kassen. Seit dieser Zeit an wurden die katholischen Geistlichen auch aus der Zahl der eingeborenen königlichen Untertanen berufen und nicht mehr aus dem Auslande. Meistens kamen sie fortan aus dem Dominikaner-Kloster in Halberstadt. Ihre Vokation erhielten sie von dem Minister des geistlichen Departements und wurden im Beisein von zwei königlichen Ministern vereidet.

Meine ostentative religiöse Toleranz weckte das Vertrauen der römischen Kurie. Papst Benedikt der Vierzehnte war hoch erfreut, dass ich den Katholiken in meiner Hauptstadt einen Tempel bauen ließ. Sein Kardinal Quirini gehörte zu den eifrigsten Förderern des Kirchbaus. Den Grundstein zu dem neuen Gotteshaus wird mein Gouverneur von Hacke am 13. Juli kommenden Jahres legen und ich lieferte die Hauptzeichnung für das Bauwerk. Mein Baumeister Knobelsdorff fragte mich trotz des Vorhandenseins meiner Bauzeichnung, wie denn die Kuppel nach dem Vorbild des Pantheons in Rom auszusehen habe. Daraufhin sagte ich: Wenn Du immer noch nicht erkannt hast, wie die Kuppel auszusehen hat, dann nehme bitte eine Schokoladentasse und drehe sie um, dann kannst Du sehen, welche Form die Kuppel haben soll. Bekanntlich wurde Rom auch nicht in einem Tag gebaut und so zögerte sich der Kirchenbau über viele Jahre hin. Mehrere Baumeister waren daran beteiligt: Knobelsdorff, Büring, Le Geay und Boumann der Ältere.

Erst 1773 wurde der monumentale Rundbau fertig und meine Freund Ignatius Krasicki weihte ihn festlich ein. Krasicki gehörte zu den mir sehr wohlgeneigten polnischen Bischöfen und galt als Fürstbischof von Ermland meinem Königshause sehr verbunden. Zur Einweihungsfeier gab ich ein Festessen. Fortan galt ich als Gründer der katholischen Kirche zu Berlin. Noch heute ist mein Name zusammen mit Kardinal Quirini an der Fassade verewigt. Lesbar steht in vergoldeten Buchstaben geschrieben: „Federici Regis Clementiae Monumentum Hedwigi A. M. Quirinus S. R. E. Card. Suo Aere Perfecit". Was soviel bedeutet wie: Denkmal der Milde des Königs Friedrich – der heiligen Hedwig gewidmet – A. M. Quirini, Kardinal, hat dieses Portal auf seine Kosten ausgeführt.

Dienstag, 1. November 2011 Allerheiligen. *Vor 265 Jahren anno 1746* ward dieser Tag gleichsam ein Dienstag. Meine Königinmutter verließ heute in Berlin ihre Sommerresidenz Monbijou und zog in ihre Gemächer ins Berliner Stadtschloss.

Mittwoch, 2. November 2011 Allerseelen. Vor 264 Jahren anno 1747 ward dies ein Donnerstag. Seit gestern weilte ich in Berlin.

Donnerstag, 3. November 2011 *Vor 265 Jahren anno 1746* ward dieser Tag gleichsam ein Donnerstag. Ich kam heute von Potsdam aus **nach Charlottenburg**, von wo aus ich dem Marschall Graf ***Moritz von Sachsen*** einen Brief schrieb.

Freitag, 4. November 2011 *Vor 260 Jahren anno 1751* ward dies ein Donnerstag. Von Potsdam aus kommend weilte ich heute in Berlin. In letzter Zeit ergaben sich einige Unstimmigkeiten mit meinem Freund ***Isaak Franz Egmont Chasot***. Daher reiste er heute ab und begab sich auf Urlaub nach Paris.

Sonnabend, 5. November 2011 *Vor 260 Jahren anno 1751* ward dies ein Freitag. Ich befand mich in Berlin und erteilte fremden Gesandten Audienz. Hernach speiste ich mit meiner Frau und sämtlichen Prinzen und Prinzessinnen des Hofes bei meiner Mutter ***Sophie Dorothea***.

Sonntag, 6. November 2011 *Vor 265 Jahren anno 1746* ward dieser Tag gleichsam ein Sonntag. Seit Donnerstag hielt ich mich **in Charlottenburg** auf.

Montag, 7. November 2011 *Vor 265 Jahren anno 1746* ward dieser Tag gleichsam ein Montag. Ich residierte **in Charlottenburg**. Heute kam mein Freund Lordmarschall ***Georg Keith*** an. Er wird in einer Woche nach Leipzig weiter reisen.

Dienstag, 8. November 2011 *Vor 245 Jahren anno 1766* ward dies ein Sonnabend. Heute wurde in Berlin pompös der 51. Geburtstag meiner Frau, der Königin ***Elisabeth Christine***, gefeiert.

Die Geburtstagsfeier fand bei der Witwe meines Bruders statt, bei der älteren Prinzessin von Preußen. Es wurde ein Concert, Souper und Ball gegeben. Ich zog es allerdings vor, in Potsdam zu feiern. Dort folgte ich der Einladung der Frau meines Neffen, der jungen Prinzessin von Preußen, die gleichsam ihren Geburtstag begehen konnte.

Mittwoch, 9. November 2011 *Vor 265 Jahren anno 1746* ward dieser Tag gleichsam ein Mittwoch. Ich begab mich heute nach Berlin zur Feier des 23. Geburtstages meiner Schwester ***Amalie***. Sie war mir eine sehr liebe und wichtige Stütze, nachdem meine Schwester Ulrike weg nach Schweden geheiratet hatte.

Donnerstag, 10. November 2011 *Vor 265 Jahren anno 1746* ward dieser Tag gleichsam ein Donnerstag. Ich befand mich in Berlin und ging noch heute über Charlottenburg nach Potsdam.

Freitag, 11. November 2011 *Vor 260 Jahren anno 1751* ward dies ein Donnerstag. Dieser Tag gebar eine schreckliche Nachricht: Heute verstarb in Berlin mein Freund und Arzt ***Julien Offray de Lamettrie***. Er war Stammgast meiner Tafelrunden und besonders gerne den Tafelfreuden zugeneigt. Ich schätzte ihn sehr. Aufgrund seines Todes verfasste ich die Trauerrede „Éloge de Lamettrie".

Sonnabend, 12. November 2011 *Vor 270 Jahren anno 1741* ward dies ein Sonntag. Vormittags weilte ich in Köpenick. Gegen 12 Uhr mittags erreichte ich Berlin, wo ich die nächsten vier Tage blieb.

Sonntag, 13. November 2011 *Vor 270 Jahren anno 1741* ward dies ein Montag. Ich residierte in Berlin und besah die Wachparade „Unter den Linden". Hernach speiste ich bei meiner Mutter ***Sophie Dorothea***.

Montag, 14. November 2011 *Vor 270 Jahren anno 1741* ward dies ein Dienstag. Ich weilte in Berlin und ging meinen alltäglichen Regierungsgeschäften nach.

Dienstag, 15. November 2011 Vor 270 Jahren anno 1741 ward dies ein Mittwoch. Ich verbrachte diesen Tag in Berlin.

Mittwoch, 16. November 2011 *Vor 265 Jahren anno 1746* ward dieser Tag gleichsam ein Mittwoch. Für zwei Tage weilte ich deroeinst in Berlin.

Donnerstag, 17. November 2011 *Vor 265 Jahren anno 1746* ward dieser Tag gleichsam ein Donnerstag und ich hielt mich seit gestern in Berlin auf.

Freitag, 18. November 2011 *Vor 263 Jahren anno 1748* ward dies ein Montag. Ich begab mich von Potsdam nach Berlin zur Audienz des Fürsten Lobkowitz.

Sonnabend, 19. November 2011 *Vor 270 Jahren anno 1741* ward dies ein Sonntag. Von Potsdam aus kommend erreichte ich heute **Charlottenburg**, wo ich bis morgen verblieb. Gleichsam mache ich noch einen Abstecher nach Berlin.

Sonntag, 20. November 2011 *Vor 280 Jahren anno 1731* ward dies ein Dienstag. Erstmalig nach meiner leidvollen Inhaftierung durfte ich Berlin wiedersehen, weil heute die **Hochzeit** meiner Schwester ***Wilhelmine*** mit dem Erbprinzen Friedrich von Bayreuth gefeiert wurde.

Montag, 21. November 2011 *Vor 265 Jahren anno 1746* ward dieser Tag gleichsam ein Montag. Heute schenkte ich der katholischen Kirchengemeinde zu Berlin ein Grundstück und erteile die Baugenehmigung für die **Hedwigs-Kirche**.

Dienstag, 22. November 2011 *Vor 270 Jahren anno 1741* ward dies ein Mittwoch. Von Berlin aus ging ich heute zu Hoffesten **nach Charlottenburg**. Dort empfing ich den Herzog und die Herzogin sowie die Prinzessin ***Luise Amalie von Braunschweig***. Sie ist meine Schwägerin und wird in zwei Monaten meinen Bruder ***August Wilhelm*** heiraten. Ich verleihe ihr hernach den Titel Prinzessin von Preußen, womit sie aufgrund meiner Kinderlosigkeit de facto zur preußischen Kronprinzessin aufstieg.

Mittwoch, 23. November 2011 *Vor 265 Jahren anno 1746* ward dieser Tag gleichsam ein Mittwoch. Zwei Tage hielt ich mich von Potsdam aus kommend in Berlin auf.

Donnerstag, 24. November 2011 *Vor 265 Jahren anno 1746* ward dieser Tag gleichsam ein Donnerstag. Seit gestern war ich in Berlin und heute empfing ich zur Audienz den Grafen ***Joseph Bernes***. Er ist Minister der Königin von Ungarn.

Freitag, 25. November 2011 *Vor 270 Jahren anno 1741* ward dies ein Sonnabend. Ich residierte in Berlin und befasste mich mit Vorbereitungen des Besuchs meiner angeheirateten Verwandtschaft aus Braunschweig.

Sonnabend, 26. November 2011 *Vor 270 Jahren anno 1741* ward dies ein Sonntag. Hoher Besuch kam aus Braunschweig an. Mein Bruder wird bald die Schwester meiner Frau heiraten. Zur Ehre der Besucher hielt ich heute in Berlin meine berühmte **Konfidenztafel** ab.

Sonntag, 27. November 2011 *Vor 230 Jahren anno 1781* ward dies ein Dienstag. Heute starb in Berlin der mir sehr nahestehender General ***Johann Jobst Heinrich Wilhelm von Buddenbrock*** im Alter von 75 Jahren. Ich schätzte ihn besonders als zuverlässigen Offizier und Verwaltungsexperten. Er zählte schon, als ich noch Kronprinz war, zu meinem engsten Freundes- und Bekanntenkreis in Ruppin und Rheinsberg. Er war der Letzte aus dieser Zeit, der mir noch geblieben war. Er wurde nun in der Gruft der Berliner Garnisonskirche beigesetzt.

Montag, 28. November 2011 *Vor 270 Jahren anno 1741* ward dies ein Dienstag. Ich hielt mich in Berlin auf und ging meinen alltäglichen Regierungsgeschäften nach.

Dienstag, 29. November 2011 *Vor 250 Jahren anno 1761* ward dies ein Sonntag. Heute fand in Berlin die Taufe meiner kleinen Nichte statt, der Prinzessin ***Friederike Elisabeth***, die am 1. November das Licht der Welt erblickt hatte. Die Kleine war das erste Kind meines jüngsten Bruder ***Ferdinand*** und seiner Frau ***Anna Elisabeth Luise***. Leider war ich ortsabwesend. Ich befand mich im Soldatenquartier in Schlesien.

Mittwoch, 30. November 2011 *Vor 265 Jahren anno 1746* ward dieser Tag gleichsam ein Mittwoch. Ich reiste heute von Potsdam aus über Charlottenburg nach Berlin.

Der Dezember
- lateinisch Decembris und altdeutsch Julmond

Karl der Große nannte ihn den Christmonat. Doch abgeleitet ist er aus vorchristlicher Zeit von der römischen Ziffer zehn, sie wird „decem“ genannt. Sie gab diesem Monat den Namen. Auch wenn er heute der zwölfte Monat unserer Zeitrechnung ist. Im alten Germanien wurde er Julmond genannt, weil am 21. oder 22. Dezember die germanische Wintersonnenwende gefeiert wurde. Dieser Tag war der kürzeste Tag des Jahres, verbunden mit der längsten Nacht. Nach der Christianisierung wurde er als Heilmond bezeichnet, da Christus das Heil brachte und das heidnische Julfest im Zuge der Christianisierung umgewidmet werden musste. Ab Mitte des 16. Jahrhunderts wurde in Deutschland die Bezeichnung Dezember allgemein gebräuchlich.

Der Dezember wurde gerne als Adventsmonat gefeiert, zurückgeführt auf das lateinische Wort adventus, was Ankunft bedeutete. Die Menschen sahen im Advent das Symbol der Ankunft Jesu. Es war der Beginn des Kirchenjahres. Der Adventskranz stand aber nicht nur mit der Vorbereitung auf die Geburt Jesu in Zusammenhang, sondern ließ sich auch auf den heidnischen Ringzauber zurückführen. Kränze aus Stroh oder Grünzweigen sollten Segen über Haus und Hof bringen, die goldenen und roten Bänder symbolisierten Reichtum und Leben. Früher setzten in der Dezemberzeit die Menschen ihre Webstühle und Spinnräder in Bewegung, um warme Kleidung für den Winter zu schaffen. Ebenso wurde Weihnachtsschmuck gebastelt, um sich die kalten Tage zu verschönern.

Im Dezember begab ich mich in regelmäßiger Wiederkehr nach Berlin. Dort begann schon vor Weihnachten die Karnevalzeit und die beliebte ich, immerfort in Preußens Haupt- und Residenzstadt zu verleben. Bis Ende Januar blieb ich zumeist in meinen neu ausgebauten Königskammern im Berliner Stadtschloss. Große Hoffeste, Bälle Opern und andere Festivitäten wechselten sich ab. Erst nach meinem Geburtstag verzog ich mich zumeist ins Potsdamer Stadtschloss.

Flötist Johann Joachim Quantz

Dezember-Geschichte:

Berlin, 8. Dezember 1741 vor 270 Jahren:

Flötist Quantz erhält königliche Anstellung

Nunmehro trat in festem Sold Johann Joachim Quantz in meine Dienste als Mitglied meines Kammer-Musik-Ensembles. Die Jahre zuvor war er nur gelegentlich zum Flötenunterricht zu mir gekommen, denn August der Starke hatte sich geweigert, ihn mir dauerhaft abzutreten. Jetzt aber kam Quantz zu guten Bedingungen zu mir. Ich zahlte ihm ein stattliches Jahresgehalt von 2.000 Talern. In Dresden erhielt er vom starken August zuvor nur 800 Taler im Jahr. Für jede Komposition zahlte ich ihm nochmals extra eine gewisse Summe und auch für jede Flöte, die er mir anfertigte, bekam er eine Sondervergütung. Nahezu täglich kam er zu mir, um die Qualität meiner Flötentöne zu verbessern.

Er galt anno dazumal als der berühmteste Flötist und sein Flötenlehrbuch soll selbst im 21. Jahrhundert noch in Gebrauch sein. Quantz leitete meine abendlichen Hausmusikkonzerte, spielte aber nur mit, wenn die zweite Flöte erforderlich wurde. Mit der kleinen Kammer-Musik-Gruppe folgte er mir selbst ins Feldlager.

Seine musikalische Laufbahn begann Quantz im Alter von 17 Jahren anno 1714 als Stadtpfeifer in Radeburg und Pirna. Schon zwei Jahre später bekam er einen Ruf an die Stadtkapelle Dresden. Es folgte ein kurzes Studium in Wien. 1718 trat er als Oboist in die polnische Hofkapelle von August dem Starken ein. Gründlich genoss er die Ausbildung auf der Traversflöte. 1724 ging er auf Italienfahrt. Stationen seines zweijährigen Weiterbildungsaufenthalts waren Rom, Neapel, Florenz und Venedig, wo er bedeutende Musiker und Komponisten kennenlernte. In Venedig traf er auf Vivaldi und in Neapel auf Scarlatti. Dann reiste er nach Paris und Anfang des Jahres 1727 nach London, wo er Händels Bekanntschaft machte. Noch im Sommer des selbigen Jahres kehrte er nach Dresden zurück und stieg auf zum „Ersten Flötisten" der königlichen Kapelle.

Ich hatte Quantz im Winter 1728 kennengelernt, als ich meinen Vater nach Dresden zum Hofe August des Starken begleiten durfte. Damals konnte er meiner Bitte nicht Folge leisten, zu mir nach Berlin zu kommen, um mir Flötenunterricht zu erteilen. Da waren sich mein Vater und August einig. August der Starke wollte den talentierten Flötisten nicht hergeben und mein Vater hielt das Ganze ohnehin für unnütze Querpfeiferei. Nur gelegentliche Reisen konnte meine Mutter heimlich beim Polenkönig und sächsischen Kurfürsten August erwirken.

Donnerstag, 1. Dezember 2011 *Vor 270 Jahren anno 1741 ward* dies ein Freitag. Ich weilte seit über zehn Tagen in Berlin. Heute war hier der Beginn der **Karnevalsfeierlichkeiten**, an denen ich möglichst immer teilhatte. Zu den diesjährigen Karnevalsfeierlichkeiten erschien eine gute Bekannte von mir. Es war die Fürstin von Zerbst mit ihrer Tochter. Das kleine Mädchen wurde an meinem Hofe mit erzogen. Sie ist eine junge heranwachsende Prinzessin von 12 Jahren. Schon mein Vater hatte sich rührend um sie gekümmert. Ich mag sie sehr und vermittelte später ihre Verheiratung nach Russland. Derweil lautet ihr Name noch ***Sophie Auguste Friederike***. Aber nach ihrem Übertritt zum orthodoxen Glauben bekam sie nach Jekaterina I., der Mutter der neuen Zarin Elisabeth Petrowna, den Namen Katharina und ging als Zarin Katharina II. mit dem Beinamen die Große in die Annalen der Geschichte ein.

Freitag, 2. Dezember 2011 *Vor 265 Jahren anno 1746* ward dieser Tag gleichsam ein Freitag. In Berlin begab ich mich heute zur Tafel bei meiner Mutter ***Sophie Dorothea***. Meine Frau, Königin ***Elisabeth Christine***, befand sich in meiner Begleitung. Es wurde heute vom goldenen Service gespeist. Hernach kam es zur Aufführung der **Oper Fabricio**.

Sonnabend, 3. Dezember 2011 *Vor 240 Jahren anno 1771* ward dies ein Dienstag. Heute reiste ich von Oranienburg aus nach Berlin. In meinem Gefolge befanden sich meine Schwester ***Ulrike***, ihre Tochter ***Sophie Albertine*** sowie mein Bruder ***Heinrich***.

Sonntag, 4. Dezember 2011 *Vor 240 Jahren anno 1771* ward dies ein Mittwoch. Heute weilte ich im Schloss zu Berlin. Mittags wurde **große Tafel** und Cour gehalten. Abends war ein Empfang für meine Schwester, die Königin von Schweden, wo die Vertreter des Adels in schwarzer Kleidung erschienen.

Montag, 5. Dezember 2011 *Vor 260 Jahren anno 1751* ward dies ein Sonntag. Von Potsdam aus erreichte ich heute Berlin, wo nunmehr der Karneval begann. Es wurden die Opern „Armida“ und „Britannicus“ von Graun gespielt.

Dienstag, 6. Dezember 2011 *Vor 240 Jahren anno 1771* ward dies ein Freitag. An diesem Tage besuchte ich in Berlin meine Schwester ***Amalie***, desgleichen meinen Bruder ***Ferdinand*** und dessen Gemahlin, die von Friedrichsfelde wieder nach Berlin gekommen waren.

Mittwoch, 7. Dezember 2011 *Vor 270 Jahren anno 1741* ward dies ein Donnerstag. Meine beiden Brüder Prinz Heinrich und Prinz Ferdinand hatten vor drei Monaten in meinem Namen die Grundsteinlegung der Oper begleitet, da ich ortsabwesend im Soldatenlager in Schlesien sein musste. Heute konnte ich nun endlich in Berlin sein und selber die Baustelle der Oper inspizieren. Der Fortgang der Baumaßnahmen zur **Errichtung der Oper** war mir äußerst wichtig. Der Chronist vermerkt dazu: „Besichtigung des Neubaues des Opernhauses und des Schlosses Monbijou“.

Donnerstag, 8. Dezember 2011 *Vor 270 Jahren anno 1741* ward dies ein Freitag. Ich weilte in Berlin und heute wurde im fernen Prag mit meiner Hilfe der **Bayernherzog *Karl Albrecht*** zum **König von Böhmen** gewählt. Nicht nur aus diesem Grunde war dieser Tag für mich ein schöner Tag, sondern auch weil mein Flötenlehrer ***Johann Joachim Quantz*** in meine Dienste trat.

Freitag, 9. Dezember 2011 *Vor 270 Jahren anno 1741* ward dies ein Sonnabend. Ich befand mich an diesem Tag in Berlin.

Sonnabend, 10. Dezember 2011 *Vor 265 Jahren anno 1746* ward dieser Tag gleichsam ein Sonnabend. Seit Ende November war ich in Berlin und heute besichtigte ich den für das **Invalidenhaus** bestimmten Bauplatz. Schon im kommenden Jahr erfolgte der Baubeginn. Der Ortstermin vor dem Oranienburger Tor fand in Begleitung des Kommandanten ***Hans Christoph Friedrich von Hacke*** statt.

Sonntag, 11. Dezember 2011 *Vor 265 Jahren anno 1746* ward dies gleichsam ein Sonntag. Ich hielt mich in Berlin auf, wo heute zu Ehren vom **Andreasorden** ein Fest gegeben wurde.

Montag, 12. Dezember 2011 *Vor 260 Jahren anno 1751* ward dies ein Sonntag. Ich residierte seit einer Woche in Berlin. Heute kam mein Freund ***Heinrich August de la Motte-Fouqué*** aus Glatz an und bliebt bis Ende Januar. Er ist in Glatz Festungskommandeur. In diesem Jahr hatte ich ihn zum Generalleutnant befördert.

Dienstag, 13. Dezember 2011 *Vor 275 Jahren anno 1736* ward dies ein Donnerstag. Ich halte mich in Berlin auf. Gestern kam mein Freund ***Ulrich Friedrich von Suhm*** heimlich zu mir aus Lübben nach Berlin. Er blieb bis kommenden Dienstag in meiner Nähe. Wir pflegten einen aufklärerischen Gedankenaustausch. Erst kürzlich hatte er mir wichtige Schriften des Philosophen Christian Wolff ins Französische übersetzt. Leider stand die Abreise meines Freundes nach Petersburg direkt bevor. Im fernen Russland soll er als Gesandter Sachsens wirken. Er verabschiedete sich nachhaltig von mir und wir verabredeten, weiterhin in Verbindung zu bleiben.

Mittwoch, 14. Dezember 2011 *Vor 265 Jahren anno 1746* ward dieser Tag gleichsam ein Mittwoch. Ich befand mich in Berlin und seit Anfang Dezember bevölkerten viele Gäste die Stadt. Sie kamen wie jedes Jahr, um an den beginnenden **Karnevalsveranstaltungen** teilzuhaben.

Donnerstag, 15. Dezember 2011 *Vor 240 Jahren anno 1771* ward dies ein Sonntag. Seit gestern weilte ich von Potsdam aus kommend wieder in Berlin, denn heute ist der **Anfang des Karnevals**.

Bis zum 21sten war die Ordnung folgende: Sonntag stand die „große Cour“ an; am Montag wurde „Operette auf dem Schloßtheater“ gespielt; „Dienstag: Redoute; Mittwoch: Opéra comique auf dem Schloßtheater; Donnerstag: Cour bei der regierenden Königin; Freitag: Oper. Vom 21sten an war Sonntags Cour bei der Königin von Schweden: Montags: Oper; Dienstags: Redoute; Mittwochs: Opéra comique; Donnerstags: Cour bei der regierenden Königin; Freitags: Oper; Sonnabends: Ruhe. Die beiden Opern waren: 1) Britannicus, 2) Orest und Pylades. Die Operetten: J. Contadini bizarri und La ritornata di Londra. Während des Carnevals befanden sich an fremden Standespersonen unter andern auch der Geheime-Rath ***von Brenkenhof***, und die Generale ***von Krockow*** und ***von Manstein*** in Berlin.“(Q1d, S. 53f)

Freitag, 16. Dezember 2011 *Vor 270 Jahren anno 1741* ward dies ein Sonnabend. Ich befand mich in Berlin. Es kam heute Staatsbesuch in die Residenzstadt: Es waren dies Herzog ***Karl Eugen von Württemberg*** und seine Brüder Ludwig und Friedrich. Herzog Karl Eugen war noch unmündig, aber durch den frühen Tod seines Vaters kam er bereits anno 1737 auf den Thron. Er und seine beiden jüngeren Brüder ***Ludwig Eugen von Württemberg*** und ***Friedrich Eugen von Württemberg*** wurden zur Erziehung an meinen Hof geschickt. In meiner Umgebung verbrachten Sie die nächsten drei Jahre. Oft begleiteten sie mich bei meinen Regierungsgeschäften und bei allen höfischen Ereignissen. Herzog Karl Eugen und auch Friedrich Eugen lernten so meine Nichten ***Elisabeth Friederike Sophie von Brandenburg-Bayreuth*** und ***Friederike Dorothea Sophia von Brandenburg-Schwedt*** kennen und heirateten diese.

Sonnabend, 17. Dezember 2011 *Vor 270 Jahren anno 1741* ward dies ein Sonntag. Ich weilte heute in Berlin, erst am Sonnabend geht es wieder für vier Tage nach Potsdam, wo ich Heiligabend verbringen werde.

Sonntag, 18. Dezember 2011 *Vor 265 Jahren anno 1746* ward dieser Tag gleichsam ein Sonntag. Ich war in Berlin, wo heute ***Franz von Braunschweig*** ankam.

Montag, 19. Dezember 2011 *Vor 245 Jahren anno 1766* ward dies ein Freitag. Ich hielt mich in Berlin auf und verschickte heute ein kleines Weihnachtsgeschenk an meinen Freund, den General ***Fouqué***. Es bestand aus einem **Tafelservice von Porzellan** und einem freundschaftlichen Brief.

Dieser Tage schrieb ich meinem Philosophenfreund Voltaire. Ich bedankte mich bei ihm für die von ihm „erhaltene schöne Tragödie, und die interessanten Werke, welche“ er mir angekündigt hatte. Ich versprach Voltaire, ihm Fleury‘s Werke in Berlin zu besorgen. Sobald ich ein Exemplar auftreiben konnte, ging es zu ihm auf Reisen. Voltaire hatte mich gefragt, was ich von Rousseau halte. Ich antwortete Voltaire darauf mit den Worten: „Ich denke, er ist unglücklich und zu beklagen, doch gefallen mir weder seine Paradoxen, noch sein cynischer Ton. Die Leute in Neuchatel sind übel mit ihm umgegangen. Man muß die Unglücklichen in Ehren halten, nur schlechte Seelen können sie unterdrücken.“

Gleichsam erlaubte ich mir, Voltaire ein von mir verfasstes „merkwürdiges Gedicht“ zuzusenden. In diesen Versen hatte ich versucht, die „Betrachtungen des Kaisers Mark-Aurel in Verse“ zu bringen. Die Dichtkunst war für mich Freizeitbeschäftigung. Viele Leute spielten Whist und dieses Kartenspiel war in der Hofgesellschaft weit verbreitet. Ich aber zog es vor, zu dichten. **An Voltaire** schrieb ich darüber dieser Tage: „***Noch immer lieb‘ ich die Dichtkunst. Zwar habe ich hierzu nur schwache Talente, da ich aber bloß zu meinem Zeitvertreibe Papier besudle***, so liegt dem Publikum wenig daran, ob ich Whist spiele oder gegen die Schwierigkeiten in der Versifikation ankämpfe. Dies ist weit leichter und milder gefährlich, als wenn man die Hyder des Aberglaubens angreift...***Ich halte die Arbeiten unsrer neuen Philosophen für sehr nützlich, denn man muß die Menschen dahin bringen, daß sie sich des Fanatismus und der Intoleranz schämen. Man dient der Menschheit, wenn man jene grausamen und schrecklichen Thorheiten bekämpft, welche unsere Vorfahren in reißende Thiere verwandelten. Durch Zerstörung des Fanatismus vertrocknet man die schändliche Quelle der Zwistigkeiten und Feindschaften, welche dem Gedächtnisse***

von Europa noch gegenwärtig sind, und deren blutige Spuren man bei allen Völkern wahrnimmt.".

Dienstag, 20. Dezember 2011 *Vor 270 Jahren anno 1741* ward dies ein Mittwoch. Ich weilte in Berlin. Heute reiste hier meine Schwester ***Friederike*** an. Sie war die Markgräfin von Ansbach. Mein Vater hatte sie als 15-Jährige mit dem Herzog von Ansbach verheiratet. Die Ehe verlief sehr unglücklich. Meine Schwester ritzte mit einem Diamanten in eine Fensterscheibe des Ansbacher Schlosses ihr Leiden ein. Sie schrieb in die lange erhalten gebliebene Schreibe: „Je souffre sans oser le dire" (Ich leide, ohne dass ich es zu sagen wage.). Aus dem Lager in Friedlang hatte ich sie zum Besuch nach Berlin eingeladen. Ich schrieb ihr damals: „Würde ich hoffen können, meine liebste Schwester, eines Tages das Glück zu haben, Sie mit dem Markgrafen bei uns zu sehen? Die aus Braunschweig kommen im Monat November nach hier. Ich weiß nicht, ob die Unruhen in Bayern es dem Markgrafen gestatten werden, sonst wird mir dies immer ein großes Vergnügen sein."

Mittwoch, 21. Dezember 2011 *Vor 270 Jahren anno 1741* ward dies ein Donnerstag. Ich residierte in Berlin und nun erreichten mich schreckliche Nachrichten von der Thronumwälzung in Russland. ***Elisabeth Petrowna*** will Zarin werden. ***Iwan VI.***, der Sohn meines Schwagers ***Anton Ulrich*** d. J. von Braunschweig-Wolfenbüttel-Bevern, und seine Frau Anna Leopoldowna, die Schwester der Zarin Anna Iwanowna, wurden von der Regentschaft ausgeschlossen. Das Kind wurde grausam in der Festung Schlüsselburg weggesperrt.

Donnerstag, 22. Dezember 2011 *Vor 265 Jahren anno 1746* ward dieser Tag gleichsam ein Donnerstag. Ich war ortsabwesend und traf erst morgen in Berlin ein.

Freitag, 23. Dezember 2011 *Vor 265 Jahren anno 1746* ward dieser Tag gleichsam ein Freitag. Ich ging heute von Potsdam nach Berlin.

Sonnabend, 24. Dezember 2011 Heiligabend. *Vor 260 Jahren anno 1751* ward dies ein Freitag. Ich befand mich in Berlin. Allerdings reiste ich schon morgigen Tags nach Potsdam ab.

Sonntag, 25. Dezember 2011 Weihnachten. *Vor 240 Jahren anno 1771* ward dies ein Mittwoch. Ich feierte **Weihnachten in Berlin** und dieses Jahr empfand ich es als ein ganz herausragendes Weihnachtsfest, da meine Schwester ***Ulrike*** mit ihrer Tochter zu mir auf Besuch in Berlin weilte.

Montag, 26. Dezember 2011 Weihnachten. *Vor 230 Jahren anno 1781* ward dies ein Mittwoch. Heute am 2. Weihnachtstag fand bei mir im Schloss zu Berlin mittags die „Große Cour" mit festlicher Tafel statt. Ich machte auch dieses Jahr wieder zahlreiche Geschenke. So erhielt der General ***von Ramin*** eine ansehnliche Summe Geld. Wie gewöhnlich besah ich während meiner Anwesenheit in Berlin die Wachparaden.

Dienstag, 27. Dezember 2011 *Vor 270 Jahren anno 1741* ward dies ein Mittwoch. Heute begab ich mich mit meiner Frau von Berlin **nach Charlottenburg**, wo wir den Übergang ins neue Jahr feierten.

Mittwoch, 28. Dezember 2011 *Vor 230 Jahren anno 1781* ward dies ein Freitag, an dem ich mich in Berlin aufhielt. In diesem Jahr begannen die **Karnevalsfestivitäten** erst nach Weihnachten. Die karnevalistische Festfolge ähnelte der des Vorjahres: „Es wurden aufgeführt: die Oper „Coriolan“ und das Singspiel: „Die uneinigen Brüder“ nach Grauns Composition.“ Gleichsam feiert das **Friedrich-Werdersche Gymnasium** in Berlin sein einhundertjähriges Jubiläum.

Donnerstag, 29. Dezember 2011 *Vor 270 Jahren anno 1741* ward dies ein Freitag. Ich hielt mich **in Charlottenburg** auf. Heute wurde in Prag im Veitsdom der ***bayerische Kurfürst Karl Albrecht*** zum **König von Böhmen** gekrönt. Ich unterstützte seine Erbansprüche auf den römisch-deutschen Kaiserthron. Seit über einem Jahr führte Maria Theresia einen heftigen Krieg gegen den Bayernherzog. Sie wollte um jeden Preis seine Wahl zum Kaiser verhindern.

Freitag, 30. Dezember 2011 *Vor 270 Jahren anno 1741* ward dies ein Sonnabend. Ich nahm heute in Berlin an der Kindstaufe bei meinem Adjutanten Graf ***Carl Christoph von Schmettau*** teil. Er war zusammen mit seinem Bruder im Sommer in preußische Dienste getreten. Zuvor standen die Brüder von Schmettau in österreichischem Solde. Sie haben mir aus Überzeugung wertvolle Unterstützung gewährt.

Sonnabend, 31. Dezember 2011 Silvester. *Vor 240 Jahren anno 1771* ward dies ein Dienstag. Ich feierte den letzten Tag des Jahres in Berlin. Diese Silvesternacht gehörte zu den schönsten Silvesterfeiern, die ich erleben durfte. Die Silvesternacht war einzigartig verschönert durch den Besuch meiner Schwester ***Ulrike*** aus Schweden. Sie blieb noch bis zu meinem Geburtstag in Berlin.

Register:

aller wichtigen Orte, Bauten, Straßen, Plätze, Ereignisse und *Personen* (*Personenamen kursiv*)

A

B

C

D

E

F

G

H

L

M

N

O

P

Q

R

S

XYZ

Buchempfehlungen

Szenischer Spaziergang und Tafelrunde mit Friedrich dem Großen ganzjährig buchbar

Sie sparen 15 Euro:

Ja, ich moechte das dreibändige Kalenderwerk Friedrichs des Großen (Bd. 1: Berlin-Kalender, Bd. 2: Potsdam-Kalender, Bd. 3: Reise-Kalender) in den Folgejahren regelmäßig zugeschickt bekommen. Die Belieferung kann ich jederzeit wiederrufen. Geliefert wird per Nachnahme jeweils Ende November des Vorjahres zum Subskriptionspreis von 14,80 Euro anstatt 19,80 Euro je Band (plus Porto/Versand).

Name und Anschrift (bitte in Druckbuchstaben):

....

....

....

Telefon-Nr.:

....

Bitte senden Sie Ihre Bestellung an:

BHV Berlin historica
Verlags- und Agenturgesellschaft mbH
Avenue Charles de Gaulle 8a
13469 Berlin

oder per Telefax an: 030-450 241 67